Entdeckungen im Umbruch der Kirche

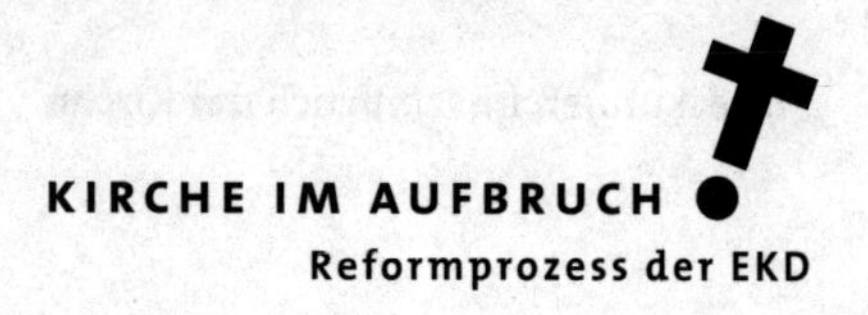

Herausgegeben vom Kirchenamt der EKD
Band 21

Entdeckungen im Umbruch der Kirche

Im Auftrag des
Zentrums für Mission in der Region

herausgegeben von
Hans-Hermann Pompe und Benjamin Stahl

Bibliographische Information der Deutschen Nationalbibliothek
Die Deutsche Nationalbibliothek verzeichnet diese Publikation in der Deutschen Nationalbibliographie; detaillierte bibliographische Daten sind im Internet über http://dnb.dnb.de abrufbar.

Printed in Germany · H 8060

Das Buch wurde auf alterungsbeständigem Papier gedruckt.

Gesamtgestaltung: Kai-Michael Gustmann, Leipzig
Coverbild: Hands of a potter, creating an earthern jar (Bildnr. 465331784)
© Getty Images/iStockphoto, Zzvet
Druck und Binden: druckhaus köthen GmbH & Co. KG

ISBN 978-3-374-04433-7
www.eva-leipzig.de

Inhalt

Einführung

Die fetten Jahre sind vorbei: Entdeckungen der Kirche im Umbruch

„Die fetten Jahre sind vorbei" – der Titel des Kultfilmes von 2004 zitiert biblisches Gedankengut aus Genesis 41. Die Berliner WG-Bewohner Jan, Peter und Julia verstehen sich als Großstadt-Revolutionäre: Sie brechen in die Villen von Wohlhabenden ein, ohne etwas zu stehlen. Stattdessen schaffen sie provozierende Unordnung durch verrückte Möbel oder hinterlassen Botschaften für die Zurückkehrenden wie etwa: „Die fetten Jahre sind vorbei". Der biblische Hintergrund dieser Provokation spielt keine erkennbare Rolle, aber ein prophetischer Anspruch ist bei aller Kindsköpfigkeit und Inkonsequenz der drei jungen Leute spürbar. Sie agieren wie Fremdpropheten in einer saturierten Gesellschaft. Sie verkörpern einen unausgesprochenen Schrei nach Josef (Gen 41,33–38), nach verständigem und weisem Handeln in der Krise, nach Menschen mit dem Geist Gottes, die den vorhandenen Überfluss klüger einsetzen können, um für karge Zeiten vorzusorgen.

Verständiges und weises Handeln im Umbruch? Die christlichen Kirchen in Deutschland sind gut beraten, die Empfehlungen des Josef nicht zu ignorieren oder zu delegieren, sondern zu ihrer eigenen Sache zu machen: Die fetten finanziellen Jahre gehen ohne Frage zu Ende, das verbleibende Fenster ist weise zu nutzen, bevor es sich endgültig schließen wird. Solche Zeiten des Überganges haben ihre eigene Dynamik, folgen anderen Gesetzen als das nostalgisch geregelt wirkende volkskirchliche Herkommen einer vergehenden Zeit.

Gelegentlich hinterlassen die drei Berliner Fremdpropheten Jan, Peter und Julia auch die Botschaft: „Sie haben zu viel Geld." Und zeichnen mit: „Die Erziehungsberechtigten". Man kann die absehbar zurückgehenden Mittel der Kirchen als Verlust sehen und ihrem Erhalt alles andere unterordnen. Man kann sie aber auch als Aufbruchssignal deuten, als Lerneinheiten vom Herrn der Kirche: Er formt seine Kirche, wie ein Töpfer auf der Drehscheibe aus Lehm ein Gefäß formt. Umbrüche können auf ein offenes Handeln Gottes deuten.

Wir befinden uns mitten in Umbrüchen und fragen: Was sollen wir verlassen? Worauf gehen wir zu? Was lockt uns auch vorwärts? Welche Weisheiten und Verheißungen begleiten uns? Auch in der Josefsgeschichte geht die Zeitanalyse „Umbruch" nicht ohne neue Hoffnung einher. Ägypten steht anfangs für eine Verheißung und später für eine Erfahrung von Unfreiheit und Unterdrückung. Wie ist das eine Ägypten von dem anderen zu unterscheiden? Was lernen wir im Rückblick auf diese Geschichte im Umgang mit unseren heutigen Ängsten und Hoffnungen?

Offensichtlich liegen die Versuchungen Ägyptens nie hinter der Kirche, sondern begleiten sie als aktuelle Versuchung auf ihrem Weg. Vermeiden kann sie diese Versuchungen nicht, nur sich bewahren lassen von dem, der sie auf seinen Weg in die Freiheit ruft. Oder sich herausrufen, sich neu formen lassen und in einer anders geprägten Mehrheitsgesellschaft, in „der Wüste der Völker" (Ez 20,35) wieder die Gottesliebe lernen und ihren Auftrag finden.

Vor diesem Hintergrund entstand die Jahrestagung des EKD-Zentrums für Mission in der Region im Herbst 2015. Leitend waren die Fragen: Welche Entdeckungen gibt es im Umbruch und welche Erfahrungen für den Umgang mit Umbrüchen waren hilfreich? – Oder im biblischen O-Ton: Siehe, ich will Neues schaffen. Seht ihr es denn nicht? (Jes 43,19).

Der Ertrag dieser Tagung ist in diesem Band zusammengetragen und erweitert worden. Im Einzelnen widmen sich die Beiträge dem Umbruch der Kirche aus verschiedenen Perspektiven.

Hans-Hermann Pompe plädiert für die Suche nach „Geburtshelfern der Veränderung". Dazu bezieht er sich auf Einsichten aus der Kreativitäts- und Innovationsforschung. Auch wenn genügend Ideen vorhanden sind, gilt es Freiräume für deren Umsetzung zu schaffen. Dazu benötigt die Kirche Neugier auf das Neue, Vertrauen als Basisressource und den Mut, Menschen freizusetzen. Der Umgang mit dem zu erwartenden Mangel ist eine besondere Herausforderung auf dem Weg in die Zukunft. Pompe führt aus, dass Armut kein Hindernis ist – verschiedene Formen von Trägheit dagegen schon. Zum Schluss fragt Pompe nach den Personen, den „Pionieren des Wandels" oder „Schlüsselpersonen in Veränderungsprozessen". Sie gedeihen da, wo Freiwilligkeit und ein hohes Maß an Kommunikation möglich ist. Deren Förderung und der damit einhergehende Balanceakt zwischen Effizienz und Chaos wird ein spannendes Lernfeld für Kirche auf allen Ebenen werden.

Annegret Böhmer stellt in einem interaktiv angelegten Vortrag kirchliche Handlungsmuster auf den Kopf und argumentiert therapeutisch für eine Fokussierung auf Lebensqualität in der Kirche. Lebensqualität entsteht ihrer Meinung da, wo sich Menschen auf das konzentrieren, was ihnen Freude bereitet und positiv für sie ist. Das Arbeiten für den unbekannten anderen lähmt. Allerdings bedarf es auch einiger Übung, sich auf das Positive einzustellen und dem natürlichen Sorgen nicht nachzugeben.

Christhard Ebert zeigt in seinem Beitrag die Zusammenschau und die Gemeinsamkeiten von Mission und Region. Region ist ein Containerbegriff, der vieles beinhaltet. Grundlegend ist dazu zu sagen, dass Regionen nicht einfach vorhanden sind, sondern in verschiedenen Prozessen entstehen. Die Beschreibung dieser Prozesse aus der Perspektive der Mission mit Verheißungen und Orientierung am Grundauftrag der Kirche bringt den entscheidenden Unterschied einer ‚Regionalentwicklung' zu eher rückbauorientierten Prozessen der ‚Regionalisierung'.

Gert Pickel fragt nach den Trends im Umbruch. Seine Analysen beruhen vor allem auf den Daten der V. Kirchenmitgliedschaftsuntersuchung. Er argumentiert, dass eine genaue Analyse der Gegenwart den Weg in die Zukunft weist. Traditionsabbruch und Pluralisierung sind die zu organisierenden Herausforderungen. Gleichzeitig zeigt sich in den Analysen die Relevanz der Kirche für die Gesellschaft. Kirche, die als Gemeinschaft die Basis für Religiosität bildet, bietet Gelegenheitsstrukturen für zivilgesellschaftliches Engagement. Dies trifft einerseits auf die Werte der Kirchenmitglieder und andererseits auf die Erwartungen an Kirche von innen und außen. In diesen (lokalen) Netzwerken zeigt sich die Relevanz von Kirche. Bei all dem wird Pickel nicht müde darauf zu verweisen, dass Indifferenz oder besser Religionslosigkeit eine gesellschaftlich relevante Option ist, die nicht auf ein neues Aufblühen der Religion zuzugehen scheint.

Konrad Merzyn bringt eine kirchenleitende Sicht auf die Ergebnisse der V. Kirchenmitgliedschaftsuntersuchung ein. Sein Ansatz steht deutlich in Spannung zu den Ausführungen von Gert Pickel. Letzterer argumentiert für den Vorrang der Säkularisierungstheorie, während Merzyn eine Vermittlung der drei gängigen Religionstheorien als Grundlage für kirchenleitendes Handeln bestimmt. Gegen Pickel votiert Merzyn auch, dass die Theologie eine nicht unbedeutende Rolle hat, um Kirche von morgen zu entwickeln. Der Weg von der Volkskirche zur pluralismusfähigen Großkirche ist ein anspruchsvoller Rückbau. Einig sind sich Merzyn und Pickel in der Bedeutung der (frühen) religiösen Sozialisation für die Kirchenbindung. Merzyn legt auf dieser Grundlage Schwerpunktsetzungen bei kirchlichen Handlungsoptionen dar. Hierzu gehört unter anderem auch die Förderung der Außenorientierung und Kommunikation in der Öffentlichkeit.

Thomas Schlegel widmet sich der komplexen Verhältnisbestimmung von Umbau, Rückbau und Aufbau in der Kirche. Er bringt die Zusammenhänge auf die griffige Formel: Umbau ist Neuaufbau im Rückbau. Diese Formel wird dann dreifach beschrieben, so dass die Beziehung von Aufbau und Rückbau deutlich wird. Rückbau ist und bleibt ein Trauerprozess, der nicht automatisch zu Neuem führt. Trotzdem bringt der Rückbau günstige Rahmenbedingungen für Neues mit sich. Wo zurückgebaut wird, entsteht Freiraum, und Not macht erfinderisch. Aufbau ist gleichermaßen ein eigenständiger Prozess, der ebenso wie der Rückbau Energie, Personal und Finanzen benötigt. Auch wenn Not erfinderisch macht, gibt es eben keinen kausalen Zusammenhang von Rückbau und Aufbau. Schlegel zeigt, dass deswegen beides im kirchenleitenden Handeln zusammenkommen muss: die Planung des Rück- und Aufbaus. Da der Rückbau derzeit in Fahrt ist, muss der Aufbau besonders gefördert werden. Aufbauprozesse entziehen sich jedoch zentraler Planbarkeit, weswegen hier Mut und Vertrauen in Akteure vor Ort investiert werden sollten, weil bei ihnen entscheidend Neues entsteht.

Hubertus Schönemann beschreibt nach einer konzisen Zeitanalyse und Reflexion theologischer Grundlagen die kopernikanische Wende im Denken über das Ehrenamt. Der katholische Theologe zeigt, dass die Kirche im Umbruch diesen neuen Umgang mit Ehrenamtlichen entdeckt: Nicht die Aufgaben brauchen Menschen, die sie ausführen, sondern die

Gaben der Menschen – des Volkes Gottes – führt zu den Aufgaben der Kirche. Neben Anmerkungen, welche Veränderungen das in den Berufsbildern der Hauptamtlichen mit sich bringt, verweist Schönemann – mit weitem ökumenischen Horizont – auf vorhandene Praxisbeispiele und Seminare zur Entdeckung und Förderung von Gaben.

Ein analytischer ökumenischer Blick kommt mit der Lambeth Lecture des anglikanischen Bischofs Richard Chartres aus London. Er zieht sein Fazit aus 20 Jahren Kirchenleitung in der englischen Metropole. Was hat das zerstrittene und um 1990 kurz vor dem finanziellen Kollaps stehende Bistum London zu einer der blühendsten und innovativsten Diözesen der Kirche von England werden lassen? Chartres reflektiert hoch komplexe Entscheidungen über Gebäude, Stellen, Finanzen, Gremien, Personal oder Theologie, er führt geistliche Leitung zurück auf einige wenige, aber unaufgebbare Aufgaben eines Bischofs. Als ‚Geburtshelfer des Wandels' will er die Zukunft des Ganzen im Blick haben, steht auch zu unpopulären Entscheidungen oder riskanten Prozessen. Anhand einer Fülle von komplexen Zusammenhängen und kybernetischen Prozessen reflektiert er, wie geistliche Klarheit wächst und so eine große Diözese mehr und mehr von Aufbruchsgeist, missionarischen Visionen und zukunftsfähigen Strategien durchdrungen wird.

Wir sind dankbar für die Fertigstellung des Bandes als erweiterte Dokumentation der Jahrestagung des EKD-Zentrums für Mission in der Region 2015. Besonders danken wir Frau Dr. Annette Weidhas von der Evangelischen Verlagsanstalt für die Betreuung des Bandes, stud. theol. Nico Limbach für die Übersetzung und stud. theol. Frederike Kathöfer für alle Hilfe bei den Korrekturen.

Hans-Hermann Pompe und Benjamin Stahl

Hans-Hermann Pompe

Kreativität im Umbruch

Es gibt den Traum von einer Vergangenheit, in der alles besser und leichter war. In Köln waren dafür die Heinzelmännchen zuständig: Sie haben die ganze Arbeit übernommen, den Kölnern ein leichtes Leben ermöglicht:

„Wie war zu Cölln es doch vordem,
Mit Heinzelmännchen so bequem!
Denn, war man faul: ... man legte sich
Hin auf die Bank und pflegte sich:
Da kamen bei Nacht,
Ehe man's gedacht,
Die Männlein und schwärmten
Und klappten und lärmten
Und rupften und zupften
Und hüpften und trabten
Und putzten und schabten ....
Und eh ein Faulpelz noch erwacht, ...
War all sein Tagewerk ... bereits gemacht!"[1]

Man kann die Ballade des Breslauers August Kopisch als eine zeitgenössische Kritik lesen: Er transportiert 1836 die Sage aus dem Siebengebirge in die wachsende Großstadt Köln – in einem vorrevolutionären Zeitraum mit drohenden gesellschaftlichen Konflikten, unter einer für die katho-

---

1 AUGUST KOPISCH, Die Heinzelmännchen zu Köln (1836), zit. nach: <http://gutenberg.spiegel.de/buch/august-kopisch-gedichte-695/3>.

lischen Kölner fremden preußischen Staatlichkeit, die für die traditionsreiche Stadt ebenso Ärger wie Wachstum und Wirtschaftsaufschwung bedeutete. Die schönen Zeiten der kurkölnischen Vergangenheit waren vorbei, die Gegenwart war eine Umbruchsituation mit Verlierern und Gewinnern, die Zukunft hieß allemal Eigenverantwortung. Ein kräftiger Schwung Aufklärung schwingt mit bei der Ballade vom Verlust der geheimnisvollen Schutzmächte, so etwas wie der unbeabsichtigte Ausgang des Menschen aus seiner selbst bejahten Unmündigkeit.

Kreativität im Umbruch bedeutet für die Kirche Annahme einer neuen Situation, Aufbruch zur Eigenverantwortung. Sie bringt Arbeit zusammen mit Motivation, Gaben mit Aufgaben, Herausforderungen mit Ideen. Aber potenzielle Kreativität muss befreit werden, denn sie kann in realen Heinzelmännchen-Fallen feststecken: Etwa in der nostalgischen Verklärung geschichtlicher Privilegien einer ehemaligen Mehrheitskirche; in den Kränkungen durch Desinteresse, Indifferenz und Austritte; im Rückzug auf die verbleibenden Inseln gelingender Kirchlichkeit; in der Selbstsuggestion scheinbarer Bestandsfestigkeit; oder in der illusorischen Rechtfertigung von Nichtteilnahme der Mitglieder als Ausweis evangelischer Freiheit.

Ich will für eine Kirche im Umbruch einen anderen Weg gehen, um gottgeschenkte Kreativität als Ressource zu entdecken: Ich will (1) die Räume der Kreativität abstecken, (2) den absehbaren Mangel als Chance entdecken und (3) eine kreative Typologie der Verantwortlichen vorlegen.

1. Die Räume: Das kreative Feld öffnen

Die Kreativitätsforschung sieht in Freiräumen zum ungewohnten Denken und Handeln einen der zentralen Schlüssel zu kreativen Lösungen: Freiraum, um Neues zu entdecken, das verborgen schlummert; Freiraum, um Sicherheiten zu verlassen und etwas Ungewohntes zu wagen; Freiraum, um Fehler zu machen, die das notwendige Risiko jeder Veränderung sind; Freiraum für unersetzliche Querdenker, die sich nicht einpassen lassen.

2012 legte eine Expertenkommission für die Bundeskanzlerin die Ergebnisse aus dem „Dialog über Deutschlands Zukunft“ vor. Die Untergruppe Innovationskultur stellte fest: „Deutschland ist reich an Innovationskapital und an wissenschaftlichen Ressourcen. Aber es mangelt an einem kreativen Umgang mit unseren Möglichkeiten und Ressourcen sowie an positiven Leitbildern.“ Und sie schlug vor: „Innovationen bedürfen kreativer Freiräume, in denen sie sich entfalten können, und grundlegender Kompetenzen, mit einer unsicheren, aber gestaltbaren Zukunft umzugehen. Dazu bedarf es einerseits Infrastrukturen für Innovationen, die technische und soziale Elemente neu verknüpfen, und Möglichkeitsräume, in denen mit neuen Formen des Innovierens experimentiert werden kann. Andererseits erfordert die Komplexität und Langfristigkeit der relevanten (globalen) Entwicklungen ein strategisches Vorgehen, das die grundlegende gesellschaftliche Kompetenz voraussetzt, mit einer ungewissen Zukunft umzugehen (‚Futures Literacy‘).“ Solche Freiräume ständen bislang nicht ausreichend zur Verfügung, in denen man „Innovation lernen und erfahren“ kann.[2]

---

2 PRESSE- UND INFORMATIONSAMT DER BUNDESREGIERUNG (Hrsg.), Dialog über Deutschlands Zukunft. Ergebnisbericht des Expertendialogs der Bundes-

Man kann diese gesellschaftliche Analyse genauso wie den entsprechenden Innovationsbedarf auf die evangelische Kirche übertragen. Wir haben einen hohen Bedarf an Freiraum für Innovations- und Möglichkeitsräume. Möglicherweise haben wir als Kirche in der prophetischen Tradition etwas bessere Chancen, um mit einer ungewissen Zukunft umzugehen. Aber ich bezweifle einen kirchlichen Automatismus, denn Prophetie hat dort die größten Schwierigkeiten, wo sie dem Kontext entstammt: „Ein Prophet gilt nirgends weniger als in seinem Haus", sagt Jesus resignierend über seine Heimatstadt (Mk 6,4). Die Kirche muss wie alle anderen lernen, den prophetischen Widerspruch zuzulassen, zu hören und im Aufbruch gehorsam zu sein.

Freiraum entsteht zwischen Chaos und Effizienz, sagt der Organisationsentwickler Leo Baumfeld: „Vor allem soziale Systeme, die eine Organisation haben, aber nicht darauf reduziert werden können wie z.B. Kirchen, spüren die Dynamik zwischen Ordnung und Chaos. Das nicht Berechenbare soll aus der Sicht der Organisation in eine Ordnung münden. Gleichzeitig leben diese sozialen Systeme auch von der Unordnung, dem nicht Berechenbaren. Die Vielfalt ist die Grundlage dafür, nachhaltig lebensfähig zu sein. Die Ordnung ist die Grundlage dafür, effizient zu sein."[3] Vitalität ist nach Baumfeld da am nachhaltigsten, wo beides in guter Balance ist.

Was fördert Freiräume in der Kirche? Ich meine nicht die individualistischen Freiräume eines protestantischen Jeder-tut-was-er-will, und von anderen oder von oben lassen wir uns schon gar nichts sagen. Auch nicht die theologischen

---

kanzlerin 2011/2012, 75 f. Digital unter: <www.dialog-ueber-deutschland.de/ergebnisbericht-lang>.

3 Leo Baumfeld, Lebendigkeit und Institution, 1.7, Das Vitalitätsfenster, ZMiR:klartext Dortmund 2016, 31.

Freiräume des anything goes, wo evangelisch heißt: „alles ist möglich und nichts ist klar". Auch nicht die liberalen Freiräume des „Jeder kann glauben, was und wie er will, und wir bleiben irgendwie unter dem Evangelium zusammen". Auch nicht die orthodoxen Freiräume von „Klare Kante, klare Verkündigung, Schluss mit lustig", wo die Freude des Evangeliums längst einer verbissenen Rechthaberei gewichen ist. Es geht mir um diejenigen Freiräume, die Gott öffnet. Hier gilt Vorsicht vor jedem Enthusiasmus: Gottes Freiräume entsprechen selten unseren Wünschen, sie führen häufig durch tiefe Wasser oder in dürre Wüsten, ihre Begleitmusik ist Murren und Widerstand. Aber erst sie sind wirklich Frei-Räume, denn unser Schöpfer führt uns zurück in seine Freiheit. Einer öffnet sie, der sich für die Fesseln hingegeben hat, an die wir uns gewöhnt haben. Sie entstehen unter dem liebevollen Werben des Geistes, der uns leise an unsere eigentliche Berufung erinnert.

Was fördert diese Freiräume des Aufbruchs? Ich nenne drei Faktoren.

Zuallererst unsere Basisressource *Vertrauen*. Es ist eine meiner seltsamen Erfahrungen in den letzten Jahren, dass wir als Evangelische aus Glauben leben wollen, uns auf Vertrauen (fides) als reformatorische Grundkategorie berufen, aber gegen die Frage nach Gottes Leitung und noch stärker gegeneinander ein verhinderndes Misstrauen kultivieren. Viele in der Kirche trauen Jesus keine Zukunft seiner Kirche zu, weil sie selber am Ende ihrer Möglichkeiten sind. Pfarrerinnen und Pfarrer leben untereinander gerne eine gepflegte Skepsis, Gemeinden sehen die Nachbargemeinden als Konkurrentin, die Handlungsebenen in der Kirche begegnen sich vielerorts mit latentem Misstrauen. Wie soll da etwas Neues entstehen, wo Vertrauen nicht gesucht, erhalten und gebaut wird?

Vertrauen ist ein knappes Gut, das sich schnell verbraucht, wenn es nicht ständig gefördert und neu gegeben wird. Viel Kreativität erfordert viel Vertrauen: Vertrauen der Angesprochenen in ihre eigene Begabung durch den Schöpfer, Vertrauen der Verantwortlichen in die mühsamen Innovativen, Vertrauen der Organisation zu den Umsetzern, Vertrauen der Institution in die quer zum System Stehenden, Vertrauen der Innovativen zu denen, die ihnen den Rücken freihalten. Der Freiraum zum Aufbruch stellt ständig die Vertrauensfrage, und wo Vertrauen verweigert wird, schrumpft er.

Außerdem benötigt der Freiraum der Kreativität *Neugier*, also schlicht Lust auf das, was nicht schon immer so war: Interesse an denen, die noch nicht dabei sind, Neugier auf ungebahnte Wege, Lust zu ungewohntem Verhalten. Neugier war in Köln der Auslöser für den Abschied von einer überholten Vergangenheit: Die neugierige Frau des Schneiders streut Erbsen auf die Treppe, die Heinzelmännchen stolpern und verschwinden für immer. Ein Bild für die unberechenbaren Folgen von Neugier, aber auch für Eigenverantwortung, die Probleme und Arbeit nicht mehr an andere Instanzen delegieren will. Neugier entsteht aus Leiden an Unzureichendem, aus Unzufriedenheit mit zu engen Möglichkeitsräumen, aus nicht akzeptierten Sackgassen.

Und Kreativität lebt schließlich von *Freisetzen*: Sie ist weder zu befehlen noch zu reglementieren, aber sie wird freigesetzt, wo Menschen Gutes zugetraut wird. Die Bildungsforscherin Teresa Amabile hat Kreativitätskiller bei Kindern erforscht.[4] Kreativität wird z. B. verringert durch *Beaufsichtigung*: Wenn wir unter ständiger Beobachtung stehen. Oder

---

4 Nach D. Goleman/P. Kaufman/M. Ray, Kreativität entdecken, München/Wien 1997, 68–72.

durch *Bewertung*: Wie beurteilen mich andere? Auch durch *Gängelung*: Vorschreiben, was wie zu tun ist – Selbstständigkeit und Exploration erscheinen dann als Fehler. Oder durch *Einengung der Entscheidungsspielräume,* statt Kinder nach Lust entscheiden zu lassen und Neigungen zu bestärken. *Druck* verhindert Kreativität: Überhöhte Erwartungen an Leistungen. Auch das *Vorenthalten von Zeit*, also Reglementieren, Unterbrechen und Herausreißen – statt Kinder selbst den Zeitbedarf festlegen zu lassen. Freisetzen eröffnet einen Freiraum für Kreativität – nicht die endlosen Sitzungen unserer Gremienkultur, die Zeit und Personen verschleißen. Sondern die Erlaubnis zum Experimentieren, zum Anfangen und zum Scheitern.

Wir haben in missionarischer Hinsicht erhebliche Freiräume in der offenen Gesellschaft, z.B. Freiräume zur Beteiligung am Leben anderer Menschen, Freiräume für Interesse, Präsenz, Gastfreundschaft, Beziehungen. Der Soziologe Hans Joas erzählt ein Beispiel: „Einer der Erfurter Theologieprofessoren, mit dem ich auch etwas befreundet bin und der in einem Dorf in Thüringen lebt, hat mir ein Beispiel gegeben: Er erzählte, im Regelfall gibt es rein säkulare Bestattungen, er habe es sich aber zum Prinzip gemacht, all diese Bestattungen zu besuchen und gewissermaßen als ‚Mitbewohner' dort anwesend zu sein. Das führe sehr häufig dazu, dass trauernde Angehörige in den nächsten Tagen bei ihm zu Hause vorbeischauen und sich bedanken für seine Anwesenheit. Aus diesen eigentlich nur als kurze ‚Stippvisite' gedachten Besuchen entwickeln sich oft stundenlange Gespräche über Trauer, über den Tod, über das, was wohl nach dem Tod kommt usw. Ich will damit sagen: Er leistet Seelsorge im allerbesten Sinn gegenüber Menschen, die nicht nur nicht Mitglied einer Kirche sind, sondern denen überhaupt jeder Zugang zu dem, was unter Kirche und Glauben läuft, abhanden gekommen ist und vielleicht sogar schon über mehrere Generationen."[5]

Was passierte, wenn sich Gemeinden verabreden, offene Türen zu nutzen, z.B. bei den Beerdigungen der Konfessionslosen? Wenn wir als Pfarrer nicht zuerst fragen, ob wir zuständig sind, sondern ob jemand uns braucht? Das wären ähnliche Haltungen wie die der ersten Christen, die den anonym Verstorbenen eine Beerdigung in Würde ermöglichten. Kaiser Julian, der versuchte, die Hinwendung zum Christentum zurückzudrehen, konzedierte widerwillig: „Begreifen wir denn nicht, dass die Gottlosigkeit (= das Christentum) am meisten gefördert wurde durch ihre Menschlichkeit gegenüber den Fremden und durch ihre Fürsorge für die Bestattung der Toten? ... Die gottlosen Galiläer ernähren außer ihren eigenen Armen auch noch die unsrigen; die unsrigen aber ermangeln offenbar unserer Fürsorge."[6] So etwas würde uns einen erheblichen Anteil an gesellschaftlichem Respekt wie Vertrauen zurückbringen, das die Kirchen mit Missbrauchsfällen, irrelevanten Gottesdiensten oder überkommenen Privilegien auf Spiel gesetzt haben.

2. Die Situation: Kreativität im Mangel entwickeln

Ein berühmtes Foto von 1948 zeigt das Wenige, das Gandhi am Ende seines Lebens besaß: zwei Paar Sandalen, eine Brille, eine Uhr, zwei Messer, ein Buch ... ein unglaublich einfaches Leben mit einer enormen Wirkung weit über Indien,

5 HANS JOAS, Das Christentum globaler denken, unter: <http://blog.radiovatikan.de/„das-christentum-globaler-denken> (19. Juni 2012); eingesehen am 19.12.2015.

6 Julian, Epistula ad Arsakium, zit. nach GERHARD LOHFINK, Wie hat Jesus Gemeinde gewollt? Herder TB, Freiburg 1993 (1982), 187.

weit über sein Leben hinaus. Wir gelten weltweit als eine der reichsten Kirchen – und das Verrückte ist: Obwohl wir mehr Menschen verlieren als wir gewinnen, haben wir immer noch viel Geld. Klaus Pfeffer, der Generalvikar des Bistums Essen sagte sinngemäß bei einer Tagung: „Das wieder kräftig sprudelnde Geld wird fatal wirken, denn es hält von notwendigen Veränderungen ab." Mehr Geld, weniger Mitglieder – beunruhigt uns das wirklich? Ein Vers aus dem Sendschreiben an die Gemeinde in Laodicea sagt: „Du sprichst, ich bin reich und habe genug und brauche nichts, und weißt nicht, dass du elend und jämmerlich bist, arm, blind und bloß" (Offb 3,17).

Nun bedeutet Mangel, Knappheit nicht immer Gutes. Es gibt Mangel als Defätismus, oder mit Karl Barth gesprochen, als Trägheit, also als grundlegendes Format von Sünde. Trägheit ist des Menschen Unglaube: „Er verschließt sich dem göttlichen Wohlwollen, das ihm in der göttlichen Forderung zugewendet ist", er möchte von diesem, von Gott ihm gesandten Nächsten, von Jesus, mit dessen „Ruf in die Freiheit in Ruhe gelassen sein. Er hält die ihm in seiner Existenz angekündigte Erneuerung des menschlichen Wesens für unnötig [...]. Ein ernstliches Bedürfnis, ein Hunger und Durst nach dessen Erneuerung ist ihm unbekannt."[7]

Trägheit erscheint bei Barth in den klassischen Formaten von Dummheit, Unmenschlichkeit, Verlotterung und Sorge. Ich erlebe sie heute v.a. als Resignation, als Gekränktheit, als Verweigerung oder Nostalgie. Man könnte sie klinisch als ‚Anelpidose' diagnostizieren, als Hoffnungsmangel[8]: ein Unglaube, der unserem Gott die Zukunft nicht mehr zutraut

---

7 Karl Barth, KD IV,2, 4. Aufl. Zürich 1985, 455.458.

8 Zu Anelpidose vgl. H.-H. Pompe, Nachfolge mit leichtem Gepäck. Eine Einladung zur geistlichen Reise, Neukirchen-Vluyn 2015, 96 ff.

und deshalb lieber Sündenböcke sucht als schwierige Veränderungen annimmt. Der Anelpidose fehlt die Verheißungsorientierung, das Vertrauen auf Gottes Möglichkeiten, so wie den Skorbutkranken früherer Jahrhunderte Vitamin C fehlte und ihnen damit allen Antrieb nahm.

Mangel als Trägheit heißt: alles geschehen lassen, die Weiterrechnung der Trends als Fatum sehen, sich absehbaren Entwicklungen einfach hingeben, die Propheten göttlicher Möglichkeiten als Träumer diskreditieren. Wer die Zukunft nur als Extrapolation bisheriger Entwicklungen sehen kann, unterstellt sich anderen Gesetzen als denen von Jesaja 43,19: Denn da setzt das unberechenbare Wirken Gottes eine Realität, die der entscheidende Faktor jeder Zukunft ist. Die einzige Voraussetzung menschlicherseits ist das Unableitbarkeitskriterium des Jesaja: nicht vom Früheren, vom Vorigen allein die Zukunft ableiten, sie ist ja gerade neu, unableitbar – und „siehe!", die Augen für alles öffnen, was aufzuwachsen beginnt, es will entdeckt werden.

Trägheit hat auch Anteile von Kurzsichtigkeit. Kann es denn sein, dass die sieben finanziell fetten Jahre jetzt vor allem zur Erhöhung der Rücklagen oder zur Sicherung der Altersversorgung der Babyboomer-Generation genutzt werden? Viel wichtiger wären das Ermöglichen von neuen Formen, das Aufspüren von Alternativen, die Herausforderung ungewöhnlicher Ziele, der Umbau überkommener Strukturen, der Aufbau von Alternativen zur herkömmlichen Finanzierung, die Freistellung von Pionieren für Arbeit unter Unerreichten.

Es gibt biblisch auch einen klugen Umgang mit Ressourcen bei absehbarem Mangel: in den fetten Jahren klug umgehen mit dem Reichtum, um für den kommenden Mangel vorbereitet zu sein (Gen 41). Dann gibt es Segen im Mangel. Nur so kann Mangel zur Ressource werden, kann Knappheit zum Antrieb führen. Nur dann ist Hunger der beste Koch, der ungewohntes Denken fördert und handeln lässt.

Ich bin kein Prophet, und das Ärgerliche am biblischen Kriterium für falsche bzw. echte Prophetie ist, dass man erst im Nachhinein klüger ist (Dtn 18,20–22). Aber es gibt einiges Aufbrechende, was es wert wäre, jetzt mit allem unterstützt zu werden, was uns möglich ist, damit sich daraus mögliche Zukunft entwickeln kann. *Neue Formen von Gemeinde* z.B., die sich nicht in die herkömmliche Trias von Institution, Organisation oder Bewegung fassen lassen. Auch eine Willkommenskultur für die vielen *Gemeinden der fremdsprachlichen Christen* unter uns wäre zukunftsfähig: Teilen unserer Gebäude statt Mietzahlungen von Geschwistern, Besuche in ihren Gottesdiensten statt exotischer Gesangsauftritte in unseren Gottesdiensten, Neugier auf Gottes Wirken dort statt Angst vor einer unberechenbaren Theologie und Frömmigkeit.[9]

Oder der Aufbruch zu Unerreichten. Warum sollen in den kommenden Jahren nicht auch *Menschen aus der muslimischen Bevölkerung* hier in Jesus mehr und anderes entdecken als nur einen Vorläufer ihres 700 Jahre später gekommenen eigentlichen Propheten Mohammed? Es sind die jungen Einwanderer, die unsere Zukunft mitbestimmen werden. Was hindert uns, um sie mit der Liebe Christi zu werben? Nicht in der Situation von Verfolgung und Mangel, da brauchen sie Gastfreundschaft und Solidarität. Aber in absehbar kommenden Begegnungen auf Augenhöhe, in allen Kontaktmöglichkeiten, die unsere offene Gesellschaft braucht und

---

9 Eine Fülle von Vorschlägen bietet die Arbeit einer Ad-hoc-Kommission des Rates, die ihren Abschlussbericht 2014 vorgelegt hat: Gemeinsam evangelisch! Erfahrungen, theologische Orientierungen und Perspektiven für die Arbeit mit Gemeinden anderer Sprache und Herkunft, EKD-Texte 119, Hannover 2014.

bietet. Einladende Präsenz, Zeugnis des Evangeliums und Austausch des Lebens können Menschen zu Christus führen. Die weltweite Kirche tut das, ohne dass Dialog, Konvivenz und Mission zu Alternativen werden. In Tansania etwa gibt es sowohl eine Tradition des friedlichen Zusammenlebens wie auch eine nennenswerte Zahl ehemaliger Muslime, die Christen geworden sind. Hier in Deutschland sind es an einigen Orten iranische Schiiten, die sich für den christlichen Glauben interessieren und sich taufen lassen.

Oder da ist *die wachsende Zahl der Indifferenten*. Detlef Pollack stellt fest: „Oft steht hinter der Abwendung von Religion und Kirche nicht eine bewusst vollzogene Wahl, sondern lediglich eine Aufmerksamkeitsverschiebung." Diese ‚Distraktions-These' sagt nicht, dass der Gottesdienst an sich für Indifferente uninteressant wäre, sie stellt aber sein schleichendes Ersetzen durch anderes fest: „Sie haben einfach anderes zu tun. Kircheninterne Gründe, dem Gottesdienst fernzubleiben, schlechte Predigten oder störender Gesang spielen hingegen keine zentrale Rolle. [...] Die Abwendung von der Kirche vollzieht sich [...] lautlos, unreflektiert und geradezu automatisch, als eine Abstimmung mit den Füßen, die sich einfach nicht mehr in Bewegung setzen wollen."[10] Auch das ist kein Automatismus: Warum soll es unmöglich sein, offene Indifferente wieder in relevante, einladende und kulturnahe Gottesdienste zu locken? 2011 kamen 70.000 Menschen in Großbritannien in Gottesdienste, die ohne Einladung nie dahin gekommen wären; Gottesdienst kann durchaus attraktiv sein, wie die Auswertungen des jährlichen Back to Church Sunday zeigen. Einige Pilotregionen hier werden es in den nächsten Jahren ausprobieren,

10 Vgl. D. Pollack/Gergely Rosta, Religion in der Moderne, Studienbrief R16, brennpunkt gemeinde 5/2015, 8.

ob und wie Gottesdienst auch in Deutschland für Distanzierte oder Indifferente eine inspirierende Erfahrung, eine Option auf Gottesbegegnung werden kann.

3. Die Handelnden: Zur Kreativität der Verantwortung

„Wo kämen wir hin, wenn alle sagten, wo kämen wir hin, und niemand ginge, um einmal zu schauen, wohin man käme, wenn man ginge", dichtet Kurt Marti.[11] Bei der Transformation unserer Kirchen und Gemeinden hin zu zukunftsfähigen Gestalten spielen risikobereite Verantwortliche, Pioniere, Kundschafterinnen, Anstoßgeber auf allen Ebenen eine Schlüsselrolle: Es sind die mit der Initiative, die Multiplikatorinnen und Leitungsverantwortlichen. Aufbrüche beginnen mit den Vernetzungen bestimmter Typen von Gemeindegliedern, Wachstum von Gemeinden und Erfolg von Projekten hängen ab von bestimmten Schlüsselbegabungen der Verantwortlichen.

Hier ist eine auffällige Weiterentwicklung gegenüber dem lange vorherrschenden strukturellen Denken zu beobachten: Einzelnen Akteuren kommt in Veränderungsprozessen eine viel größere Rolle zu, „als ihnen lange Zeit – in welcher das Forschungsinteresse zumeist auf die Grenzen des Handelns und systemische Emergenzeffekte gerichtet war – zugestanden worden ist".[12] Initiative Personen können größere Gruppen motivieren, Transformationen auslö-

---

11 Kurt Marti, laut wikiquote.org aus: Ders., rosa loui, vierzg gedicht ir bärner umgangssprach, Luchterhand 1967; auch in: wo chiemte mer hi? gedicht und schtückli ir bärner umgangssprach, Buchverlag Fischer Druck, 1984.

12 Wissenschaftlicher Beirat Globale Umweltveränderungen, Welt im Wandel. Gesellschaftsvertrag für eine große Transformation, WBGU Berlin 2. Aufl. 2013, (2011), 256.

sen, Umbrüche begleiten und durch die langen Strecken der Wüste das Ziel im Blick behalten. Sie sind Multiplikatoren, vermitteln zwischen abgeschlossenen Gruppen. Sie praktizieren die „Stärke der schwachen Bindungen“ (nach Mark Granovetter[13]), also die Stärke von Kontakten, Bekanntschaften und Begegnungen. Enge Freunde, tiefe Beziehungen beschränken uns mit ihren starken Bindungen auf die eigene kleine Welt, aber je mehr Bekannte man hat, desto mehr Einfluss ist möglich, denn Bekannte leben noch in ganz anderen Welten. Gemeinden tendieren zu starken Bindungen – gut für alle, die dazugehören, schlecht für die anderen, also für die Reichweite und für die Mission. Initiative Personen leben in vielen schwachen Bindungen, bauen Brücken zu anderen Gruppen, sind Verbindungen in Netzwerken.

In der Change-Management-Forschung werden diese Schlüsselpersonen von Veränderung Heroes genannt, Pioniere des Wandels, change agents: „Sie verbreiten Innovationen, indem sie eine Politik des ‚Weiter-so-wie-bisher‘ hinterfragen, eine alternative Praxis schaffen und somit etablierte Weltbilder und Pfade in Frage stellen, Einstellungs- und Verhaltensmuster herausfordern sowie bei neuen Gleichgesinnten (followers, early adopters) eine dauerhafte Motivation zum selbst tragenden Wandel schaffen.“[14]

Es gibt verschiedene Funktionen und Typen der change agents, die sich überlagern können. ‚Welt im Wandel‘ kennzeichnet deren Rolle sowohl bei Innovation wie bei Umsetzung so: „Im Innovationszyklus handeln Pioniere des Wandels, indem sie offene Fragen und Herausforderungen

---

13 Mark S. Granovetter, The Strength of Weak Ties, American Journal of Sociology 78 (1973), 1360–1380.

14 Welt im Wandel, 257. – Zur Schlüssel- und Folgerolle der early adopters nach Everett Rogers vgl. auch: H.-H. Pompe, Innovationen und frühe Mehrheiten, zmir:werkzeug Dortmund 2012.

benennen und auf die Tagesordnung setzen, indem sie als Katalysatoren Problemlösungen erleichtern, indem sie als Mediatoren zwischen Konfliktgruppen vermitteln oder in Gruppen blockierte Entscheidungsprozesse freisetzen, indem sie disparaten Innovationsbedarf zusammenfassen oder indem sie zur Problemlösung notwendige institutionelle Innovationen ‚von unten' oder als Entscheidungseliten ‚von oben' auf den Weg bringen. Im Produktionszyklus betätigen sich Pioniere des Wandels als Erfinder, Investoren, Unternehmer, Entwickler oder Verteiler neuer Konzepte, Produkte und Dienstleistungen, aber auch als ‚aufgeklärte Konsumenten', indem sie neue Produkte nachfragen und zirkulieren lassen."[15] In kirchlichen Umbrüchen werden sie auf allen Ebenen benötigt und brauchen ihre Freiräume.

Pioniere des Wandels sind unersetzlich: Sie bilden auf der Mikroebene das Gegengewicht zu den allgegenwärtigen Vetospielern, ähnlich wie Aufbruchsstimmung auf der Mesoebene Verlustaversionen auffängt und Innovation auf der Makroebene Kulturbarrieren überwindet.[16] Eine Übertragung auf unsere drei Ebenen Gemeinde, Kirchenbezirk und Landeskirche liegen nahe. Wir im ZMiR suchen bundesweit nach Pionieren des Wandels, weil wir auswerten wollen, was sie wagen, weil wir sehen wollen, was sie richtig und was sie falsch machen – von beidem können viele andere lernen. Interessanterweise hat die anglikanische Kirche inzwischen landesweit einen eigenen pastoralen Ausbildungsgang für Pioniere (pioneer ministry) eingerichtet – eia, wären wir da.[17]

---

15 Welt im Wandel, 258.

16 Vgl. a.a.O. Abbildung 6.2-1 (Typologie von Pionieren des Wandels).

17 Immerhin: Das IEEG in Greifswald legt seit kurzem ein mehrsemestriges Modul für Fresh Ex auf, es könnte eine der Keimzellen für solch eine zukunftsorientierte theologische Ausbildung werden.

Mit ihren Haltungen und ihren Möglichkeiten können Leitungsverantwortliche Kreativität in Kirche und Gemeinden unterstützen, zwei Faktoren werden dabei oft unterschätzt. Der eine Faktor ist ein größtmögliches Maß an *Freiwilligkeit*. Es gibt vor, neben und nach allen verpflichtenden synodalen Mehrheitsentscheidungen ein weites Feld von veränderungsrelevanten Entscheidungen und Prozessen, die nicht von 100-Prozent-Teilnahme abhängen, wo eine einladende Freiwilligkeit aber Klima, Kultur und Wirkung von Veränderungen entscheidend mitbestimmt. Freiwillige Prozesse setzen auf die Gewinnung von Menschen, auf ihre Motivation und Leidenschaft, auf ihre Einsicht und Partizipation. Wer so gewonnen ist, wird nicht zähneknirschend oder mit dem geringstmöglichen Einsatz mitmachen, sondern sich die Anliegen zu eigen machen und sein Bestes geben. Einfach gesagt: Kreativität geht nur freiwillig. Umgekehrt: Wer zunächst zurückbleiben darf, kann durchaus später durch den Sogeffekt noch an Bord kommen – vorausgesetzt, es gibt weitere Zustiegsmöglichkeiten in Veränderungsprozessen. Der Gewinn, die guten Ergebnisse oder Leidenschaften anderer haben ihre eigene langfristige Attraktivität: „Wenn die das haben, wollen wir das auch haben."

Ein weiterer Schlüsselfaktor ist ein größtmögliches Maß an *Kommunikation*. Trotz aller unserer Papiere und Texte sind Menschen erschreckend uninformiert, bleiben unbeteiligt, sowohl im Vorfeld als auch während oder im Nachgang von Entscheidungen. Hier gibt es eine Art von kollektiver evangelischer Beschluss-Illusion: Wir glauben an die Selbstwirksamkeit von synodalen Beschlüssen und an die Selbstevidenz von kirchlichen Texten. Die Kirche des Wortes tritt vor allem als Kirche der Texte auf. Aber das bleibt eine Illusion: Gewonnen werden Menschen nicht zuerst durch Information, sondern durch Kommunikation. Jeder „Transformationsprozess ist zum Scheitern verurteilt, wenn ‚Experten' auf die Selbstevidenz der Vernünftigkeit ihrer am grünen Tisch erarbeiteten Vorschläge setzen und ‚Laien' durch Informationskampagnen und Anreizsysteme veranlassen (wollen), entsprechende Maßnahmen im Nachhinein zu akzeptieren."[18]

Die eigentliche Arbeit fängt lange vor der Entscheidung an, der eigentliche Transfer findet v.a. persönlich statt: Wer mich erreichen oder engagieren will, muss mit mir kommunizieren, muss mich aufsuchen, beteiligen und einbinden. Wenn ich jemand von unserer Arbeit im ZMiR berichte, überreiche ich den Veröffentlichungsprospekt selten ohne eine Erzählung aus einem konkreten Projekt. Ich frage auch häufig zurück, z.B.: Worauf würden Sie sich jetzt an unserer Stelle konzentrieren? Denn der fremde Blick ist für die eigene Planung unersetzlich. Und ich versuche, gerade die einzubinden, die nicht alles bestätigen, die kreativen Unruhestifter, die mit dem eigenen Kopf, die abseits der gewohnten Wege. Wir laden z.B. häufig neue Menschen ins Team ein, um mit ihnen Arbeitsvorhaben zu diskutieren, weil wir wissen, zu viele Verantwortliche haben sich schon in ihrem selbstreferenziellen Denken (group think) verrannt.

In Köln endet Kopisch' Ballade mit einer Klage:

O weh! nun sind sie alle fort
Und keines ist mehr hier am Ort!
Man kann nicht mehr wie sonsten ruhn,
Man muß nun alles selber tun!
Ein jeder muß fein
Selbst fleißig sein,
Und kratzen und schaben
Und rennen und traben
Und schniegeln und biegeln,

18 Welt im Wandel, 255 f.

Und klopfen und hacken
Und kochen und backen.
Ach, daß es noch wie damals wär!
Doch kommt die schöne Zeit nicht wieder her!

In London habe ich etwas anderes gefunden: Den Rechenschaftsbericht des Bischofs von London über den erstaunlichen missionarischen Aufbruch in seiner Diözese, den Richard Chartres nach 20 Jahren vorgelegt hat. Ich habe selten solch eine Kombination von Weisheit, Demut und Klarheit gefunden wie hier.[19] Er reflektiert mehrere seiner Schlüsselentscheidungen, z.B. dass er als erster Bischof seit 200 Jahren wieder mitten in die City zieht. Er schildert die völlig überholte Struktur der großen Diözese am Ende der 80er Jahre mit ihrer Unzahl von Gremien und Ausschüssen für alles Mögliche, die man angesichts des Niedergangs einrichtete, mit dem erklärten Ziel, Beteiligung an Entscheidungen auszuweiten und Einsatz zu ermöglichen. Das Ergebnis war leider das Gegenteil: Überarbeitete Hauptamtliche, die sich mit den immer gleichen Themendiskussionen in kaum unterschiedlichen Gremien wiederfanden. Es gab Ideen in Fülle, nicht wenige neue Initiativen, aber es blieb kaum Energie für Umsetzung übrig. Die Verschmelzung bzw. Beendigung vieler Gremien schloss ein schwarzes Loch der Energie, die notwendigen Anstrengungen konnten endlich an denjenigen Orten landen, die Leben bewiesen und das missionarische Gen besaßen. Ähnlich wurde ein Finanzsystem umgestrickt, das faktisch Wachstum besteuerte und Tatenlosigkeit subventionierte – und dadurch viele in den Aufbrüchen frustrierte.

---

19 Richard Chartres, Lambeth Lectures, 30. September 2015, unter: <http://www.archbishopofcanterbury.org/articles.php/5621/bishop-of-london-delivers-lambeth-lecture-on-church-growth-in-the-capital>. Der Aufsatz ist diesem Band als Übersetzung beigegeben: Siehe Seiten 155–185.

Richard Chartres schildert schwere Entscheidungen, die er gegen den Rat seiner Fachleute traf, z.B. den Erhalt und die Neubesetzung mehrerer Innenstadtkirchen, die angesichts zu geringer Teilnahme geschlossen werden sollten – alles unter der Anfechtung, dass er hier möglicherweise statt Glaubensschritten historische Fehler machte. Er weiß um den begrenzten Einfluss von Kirchenleitung, bietet aus seiner Erfahrung verschiedene Bilder dafür an: Leitung bedeutet Gemeinden segnen oder das Ganze im Blick halten, heißt Dirigent eines Orchesters sein oder ein Mitarbeiter unter vielen am Evangelium. Er redet vom ‚funktionalen Atheismus' in Teilen der Kirche: Er könne seinerseits nicht glauben, dass der Heilige Geist, der Urheber von Wachstum, eine schlichte Gussform, basierend auf Ökonomie, sei, und wisse, dass Programme und Beschlüsse aus sich nur eine sehr begrenzte Wirksamkeit hätten. So sei er, vom Wesen her eigentlich ein introvertierter Beobachter und Kommentator, durch die Berufung zum Bischof gezwungen worden, „a committed midwife of change" zu werden, eine begeisterte Geburtshelferin des Wandels, was schlicht bedeute: vereinfachen, Störungen aus dem Weg räumen und dabei ein lebendiges Vertrauen auf Gott zu bewahren.

Die Zeit der Heinzelmännchen ist längst vorbei, Gegenwart wie Zukunft bieten definitiv keine Möglichkeit, Verantwortung an irgendwelche geheimnisvollen Problemlöser zu delegieren. Aber die schönen Zeiten liegen jedenfalls nach Jesaja 43 vor uns, und dafür können wir gar nicht genug ‚midwives of change', Geburtshelfer der Veränderung, haben.

4. Literatur

Bücher

Barth, Karl, KD IV, 2, Zürich 1985[4].

Baumfeld, Leo, Lebendigkeit und Institution. 1.7, Das Vitalitätsfenster, ZMiR:klartext Dortmund 2016, 31.

Evangelische Kirche in Deutschland, Gemeinsam evangelisch! Erfahrungen, theologische Orientierungen und Perspektiven für die Arbeit mit Gemeinden anderer Sprache und Herkunft, EKD-Texte 119, Hannover 2014.

Goleman, Daniel/Kaufman, Paul/Ray, Michael, Kreativität entdecken, München / Wien 1997.

Granovetter, Mark S., The Strength of Weak Ties, American Journal of Sociology 78 (1973).

Lohfink, Gerhard, Wie hat Jesus Gemeinde gewollt? Herder TB, Freiburg 1993 (1982).

Pollack, Detlef/Rosta, Gergely, Religion in der Moderne. Studienbrief R16. brennpunkt gemeinde 5/2015.

Pompe, Hans-Hermann, Nachfolge mit leichtem Gepäck. Eine Einladung zur geistlichen Reise, Neukirchen-Vluyn 2015.

Pompe, Hans-Hermann, Innovationen und frühe Mehrheiten, zmir:werkzeug Dortmund 2012.

Wissenschaftlicher Beirat Globale Umweltveränderungen, Welt im Wandel. Gesellschaftsvertrag für eine große Transformation, WBGU Berlin, 2013[2], (2011).

Elektronische Quellen

Chartres, Richard, Lambeth Lectures, 30. September 2015, unter: <http://www.archbishopofcanterbury.org/articles.php/5621/bishop-of-london-delivers-lambeth-lecture-on-church-growth-in-the-capital>.

Joas, Hans, Das Christentum globaler denken, unter: <http://blog.radiovatikan.de/„das-christentum-globaler-denken> (19. Juni 2012); eingesehen am 19.12.2015.

Kopisch, August, Die Heinzelmännchen zu Köln (1836), zit. nach: <http://gutenberg.spiegel.de/buch/august-kopisch-gedichte-695/3>.

Presse- und Informationsamt der Bundesregierung (Hrsg.), Dialog über Deutschlands Zukunft. Ergebnisbericht des Expertendialogs der Bundeskanzlerin 2011/2012, 75 f. Digital unter: <www.dialog-ueber-deutschland.de/ergebnisbericht-lang>.

Annegret Böhmer

Salto ecclesiale

Von der Angst zur Motivation kommen im Umbau, Abbau, Aufbruch der Kirche im 21. Jahrhundert

Vorbemerkung: In diesem interaktiven Erlebnisvortrag sind die Teilnehmer und Teilnehmerinnen eingeladen, wenn sie mögen, sich mit ihren inneren Bildern zu beschäftigen. Es wird drei Unterbrechungen geben.

Ich bin Professorin für Psychologie an der Evangelischen Hochschule in Berlin. Daneben bin ich Supervisorin, Coach und Psychotherapeutin. Mein Schwerpunkt ist es, kirchliche Mitarbeitende so fortzubilden, dass sie professionell arbeiten können und sich dabei möglichst wohlfühlen, gesund und fröhlich sein und bleiben können. Seit 2006 biete ich eine Coaching-Ausbildung für kirchliche Leitungskräfte an, die für mich unter der Überschrift steht: „Professionalität und Spiritualität führt zu Lebensfreude".

Der aufregende Titel „Salto ecclesiale" ist mir von der Vorbereitungsgruppe empfohlen worden, und ich habe zu der Zeit nicht lange darüber nachgedacht. Als ich mich jetzt in der letzten Zeit damit beschäftigt habe, habe ich gemerkt, dass dieser Titel für mich eine wirkliche Herausforderung ist, da ich selbst gar nicht so ein Salto-Typ bin. Ich würde mich eher in die Kategorie „Purzelbaum" einordnen. Ich bin auch keine Extremsportlerin. Aber nun habe ich den Titel gehabt, und da ja alles, was lebt, sich verändert, und es in der nächsten Stunde nicht um Strukturreformen gehen soll, sondern um uns selbst, um uns als Akteure in diesem Prozess der

Kirche im 21. Jahrhundert, werden wir jetzt also gemeinsam zum Salto aufbrechen.

1. Salto ecclesiale

In einem kleinen komfortablen Sportflugzeug sitzen zehn Mitglieder des Leitungsgremiums eines evangelischen Kirchenkreises. Sie haben in den letzten zehn Jahren viel diskutiert, umstrukturiert, reformiert. Viele Stunden ihres Lebens haben sie verbracht mit Diskussionen und Rechthaberei. Am Ende haben sie es geschafft, ein Gemeindehaus zu verkaufen, eine regionale Kirchenzeitung zu etablieren und zwei Jugendmitarbeiter auf Kirchenkreisebene sinnvoll einzusetzen. Jetzt haben sie alle einen Fallschirm auf dem Rücken, sind kurz vor dem Absprung über einer großen freien Fläche irgendwo in Norddeutschland. Sie haben bei einer EKD-weiten Ausschreibung für innovative Teams diesen Sprung gewonnen. 4000 Meter Höhe. Natürlich springen sie nicht allein, sondern mit Tandempartnern. Trotzdem, es ist Wahnsinn. Die älteren Herren, Theologen und Juristen, gucken sehr ernst. Eine junge Frau, bislang eher still, will als Erste springen. Der Trainer vom Fallschirm-Event-Team gibt letzte Instruktionen, wie der Salto gelingt, bevor sich der Schirm öffnen wird. Es geht los. Ein Duo nach dem anderen springt wirklich, dreht sich im freien Fall um die eigene Achse, atemberaubende Sekunden freier Fall auf die Erde zu. ... Dann zieht der erfahrene Springer die Leine und der Schirm öffnet sich. Schweben, für eine kurze intensive Zeit in der Luft. Günstige Winde führen dazu, dass sie alle auf derselben Wiese sicher landen.

Bitte nehmen Sie sich nun ein paar Sekunden Zeit für sich selbst, sich vorzustellen, was jetzt passiert, wie die Menschen sich nach dem Salto wieder treffen. Sie wissen ja, was einem als Erstes einfällt, ist immer das Richtige.

Jetzt haben Sie Zeit, sich in den Gruppen zu dritt auszutauschen, und zwar so, wie Sie es im Seelsorgekurs gelernt haben, ohne zu diskutieren, ohne zu bewerten, bitte nur nachfragen in der Geschichte, die die andere Person erzählt. Die Erste fängt an und erzählt, die anderen beiden hören nur zu. Dann fängt der Zweite an zu erzählen, und die anderen beiden hören zu oder fragen nach. Lassen Sie sich einfach mal überraschen, wie für die Einzelnen in Ihrer Gruppe die Geschichte nach dem Salto weitergeht. Für jede Person ist zwei bis drei Minuten Zeit. Ich habe eine kleine Glocke und werde Sie an die Zeit erinnern.

Das war der erste Teil. Auf den Salto komme ich am Ende noch einmal zurück.

2. „Kirchenangst"

Was ist los mit Angst in der Kirche? Es scheint eine typische „Kirchenangst" zu geben, German Angst? Ich möchte nach dem Salto den Unterschied zwischen Furcht als Angst vor einer realen Gefahr und neurotischer Angst verdeutlichen. Diesen Unterschied kennen Sie alle. Einmal echte Furcht vor etwas Realem gehabt zu haben, so wie vor einem Fallschirmsprung, stärkt in der Regel das Selbstbewusstsein. Furcht zu überwinden tut gut. Deshalb machen viele Menschen Abenteuer jeder Art und deshalb erzählt man auch Kindern Gruselgeschichten, dass sie sich so richtig fürchten. Das stärkt.

Hier soll es, beim Thema „Kirchenangst", um die unnötige neurotische Angst gehen. *„Der Mensch, vom Weibe geboren, lebt kurze Zeit und ist voller Unruhe" (Hiob 14,1).* Ein bemerkenswerter Spruch, lassen wir die feministische Analyse einmal beiseite.

„Der Mensch vom Weibe geboren, lebt kurze Zeit und ist voller Unruhe." Dass wir geboren werden, können wir nicht ändern, dass wir nach kurzer Zeit sterben werden, können wir auch nicht ändern. Aber ob wir in unserer Lebenszeit immer unruhig und ängstlich sind, darauf haben wir Einfluss. Einen Teil dieser anthropologischen Unruhe kann man auch neurotische Angst nennen. Wir machen uns unnötig Sorgen, statt zu vertrauen, dass sich die Erde am Ende schon irgendwie weiterdrehen wird. Viele Äußerungen aus der Kirche über die Kirche sind wie neurotische Angstsymptome. Vergleichen wir Kirchenangst mit den Beschreibungen von Angst aus der klinischen Psychologie: *Ein Zustand dauernder Besorgnis ohne ersichtlichen Grund. Angst vor Kontrollverlust, Ruhelosigkeit, Unfähigkeit zu entspannen, Schlaflosigkeit, frei flottierende Angst, Angst um die Zukunft generell, Angst, dass alles so bleibt, wie es ist, Angst, dass nichts so bleibt, wie es ist, Angst um den materiellen Besitz.*

Wir, die wir die Rechtfertigungslehre predigen, glauben und fühlen sollten, sind wohl die angstbesetztesten Bundesbürger. Die sprichwörtliche protestantische Krankheit, das protestantische Arbeitsethos nagt an uns. Das zu wissen, macht es schon gar nicht leichter. Auch das ähnelt vielen psychisch Kranken, die sich für ihren schlechten Zustand sogar noch selbst anklagen, statt sich zu bedauern und verwöhnen zu lassen. *Wenn uns die Kirche, eine Institution, die eigentlich zu unserer Seelenruhe beitragen sollte, am meisten Unruhe bereitet, dann ist etwas sehr falsch. Wenn das Geben und Nehmen zwischen mir und meiner Kirche nicht stimmt, dann bin ich in der falschen Kirche oder ich mache etwas falsch.* Nochmal anders ausgedrückt, wenn wir als Einzelne der Kirche als Institution und Organisation mehr geben, als sie uns gibt und nützt, dann fragt man sich, wofür sie gut sein soll. Dann sollten wir auch nicht im Ernst für sie werben. Oder: *„Wenn dein Pferd tot ist, dann steig ab“*, wie die Cowboys und Cowgirls sagen.

Für mich ist dieser Test von Geben und Nehmen, für die einzelnen Menschen, die in der Kirche arbeiten, wichtig für meine Tätigkeit als Supervisorin. Überall wird über die gegenwärtigen oder zukünftigen Probleme der Kirche gesprochen. Es ist Alltag, dass ich Menschen begegne, die irgendwie ziemlich erschöpft sind und immer das Gefühl haben, der Kirche noch mehr geben zu müssen, damit dieses Wunder geschieht, das vielleicht geschieht, aber das wir eben zum Teil nicht beeinflussen können. Ein Risikofaktor für diesen Stress und diese Angst ist auch der Größenwahn vieler kirchlicher Mitarbeiter. Früher haben wir in der Pastoraltheologie viel über das Helfersyndrom diskutiert. Heute wird dieses Helfersyndrom nicht mehr so viel diskutiert, weil es andere Probleme gibt. Schauen wir auf unser Tagungsmotto „Siehe, ich will Neues schaffen. Erkennt ihr es denn nicht?“. Dieses Ich in dem Spruch wird von vielen Kirchenmenschen missinterpretiert. Sie meinen sich selber: Siehe, ICH will Neues schaffen, ICH muss Neues schaffen. Und wer sich unter diesen Druck setzt, der hat sich schon sozusagen über die Institution gestellt, die eigentlich für sein Seelenheil da sein sollte. Siehe, ich muss das stützen und erhalten, was mich ernährt. Das ist ein bisschen so traurig wie Kinder, die sich die ganze Zeit um ihre Eltern kümmern, damit die Eltern noch halbwegs funktionieren. Wenn diese Verdrehung der Rollen da ist, dann ist wirklich psychisch etwas falsch.

Ein weiterer Punkt zum Thema Angst ist der Zusammenhang zwischen Angst und Stress. Physiologisch ist Angst ein hohes Erregungsniveau. Ein bestimmtes hohes Erregungsniveau ist positiver Stress, Adrenalin, das uns bewegt und

Energie gibt. Aber wenn irgendwann dieses Adrenalin zu sehr steigt, dann ist physiologisch echte Angst da bzw. im schlimmsten Fall eine Panikattacke, die einen überfällt und überfordert. Und aus diesem hohen Erregungsniveau, das auf die Dauer krank macht, kommen Menschen nur heraus, wenn sie lernen, die eigene körperliche Erregung wieder herunterzufahren und sich zu entspannen. Und wenn ich es mit meiner Selbstregulation schaffe, mich herunterzuregulieren und einen normalen entspannten Grundton zu haben, dann kann der nächste Stress mich auch nicht so kalt erwischen. Wenn ich aber schon im Dauerstress bin, und irgendjemand kommt noch mit irgendetwas am falschen Punkt, fragt mich, kritisiert mich und hat noch eine Anforderung, dann kann ich mich sozusagen nicht mehr beherrschen, dann ist der Stress oder die Angst, dass alles nicht mehr klappt, nicht mehr zu verhindern. Dazu kommt, wenn man in diesem Hoch-Erregungs-Angst-Stress-Zustand ist, dass die Gedanken auch immer um negative Dinge kreisen. Man nennt das in der Psychotherapie „Katastrophenscanning“. Das finde ich ein ganz großartiges Wort, wenn wir uns die Diskurse in der Kirche angucken. „Katastrophenscanning“. Jetzt sind zwar unsere Kassen noch voll, aber wehe, in zehn Jahren werden sie leer sein. Rechnet es euch aus, dann und dann wird das Schlimme passieren!

Denken Sie an ein Individuum, das Ihnen sagt: „Du, mir geht es heute total gut, wirklich, mir geht es gut, es ist alles schön, aber es könnte sein, dass ich in zehn Jahren krank werde und deshalb mache ich heute ganz viele Sachen und denke immer daran.“ Da würde man therapeutisch sagen: „Stimmt das denn?“ Das würde man im schlimmsten Fall eine generalisierte Angststörung nennen, wenn jemand seine Aufmerksamkeit in allem darauf richtet, was schiefgehen könnte und wo die Klippen des Lebens sind. Leider ist diese generalisierte Angststörung sehr häufig beim Homo sapiens. Denn der Homo sapiens hat ja leider dieses besondere Gehirn. Dieses Gehirn hat die Fähigkeit, im Gegensatz zu Tieren, ein Bewusstsein zu haben und die Zukunft zu antizipieren. Das ist unsere menschliche Fähigkeit, in die Zukunft zu blicken und für die Zukunft zu planen. Es ist unser evolutionäres Erbe, dass wir Problemsucher sind. Und leider antizipieren wir die Probleme von in 10, 20 oder 30 Jahren, aber selten antizipieren wir die Glücksgefühle von in 10, 20 oder 30 Jahren. Wenn wir uns hier einmal treffen würden zu einer gut besetzten, qualifizierten und hoch besetzten Tagung und nur darüber reden würden: „Was glauben Sie, worüber Sie sich in zehn Jahren freuen werden, oder was könnte sein, wenn wir gesund sind, und was könnte in 20 Jahren chic sein, und wie können wir uns darauf vorbereiten, dass das passieren wird, und wie können wir uns innerlich gemeinsam darauf einstellen?“ Stattdessen machen wir, aus guter Gewohnheit und hohem Verantwortungsgefühl, das Katastrophenscanning für in 20 Jahren.

3. Worst Case

Eine wichtige Therapiemethode in der Verhaltenstherapie gegen die Angst, und jetzt komme ich schon zum Einstieg in die nächste Murmelgruppe, nennt man Flooding – Überfluten. Denken Sie z.B. an Menschen, die sich fürchten, auf einen hohen Turm zu gehen, weil sie die Angst haben, herunterzufallen und zu Schaden zu kommen. Die werden in der Therapie begleitet und vom Therapeuten auf diesen hohen Turm geführt. Das heißt, man führt sie mitten hinein in die angstauslösende Situation. Dann, das können Sie sich leicht vorstellen, steigt das Erregungsniveau auf eine unerträgliche Höhe. Aber da der Körper so gebaut ist, dass die Erregungskurve von einem bestimmten Punkt an von alleine fällt, kann der Patient oben auf dem Turm erleben, dass er diese Besteigung überlebt hat, und kann mit einer ziemlich großen Erleichterung wieder heruntersteigen. So funktioniert diese Überflutungstherapie.

Und etwa in diesem Sinne möchte ich Sie jetzt zu einer eigenen Reflexion einladen, bevor Sie sich wieder zu dritt darüber austauschen: „Was ist eigentlich wirklich Ihre persönliche größte Angst? Worst Case? Was wird mit dieser Ihrer Kirche passieren, wenn es so schlimm kommt, wie es nur schlimm kommen kann, und wir nichts dagegen tun?"

Eine Minute Stille, dann Murmelgruppen. Gegenseitig berichten, welche Bilder und Befürchtungen dabei gekommen sind.

Da also unser Gehirn, wenn wir es zulassen, sich immer irgendwelche Probleme sucht, gibt es den schönen Satz: „Lassen Sie Ihr Gehirn nicht unbeaufsichtigt!" Man muss eine Distanz dazu bekommen, was das Gehirn alles so macht und sagen: Tja, tja, danke, liebes Gehirn. Du hast dir wieder schön Sorgen gemacht, aber das ist jetzt gar nicht nötig. So ähnlich, wie man vielleicht einem Hund, der beim Klingeln aufgeregt zur Tür läuft, sagt, danke, alles in Ordnung, ich habe mitgekriegt, du hast deine Arbeit gemacht, so kann man auch mit seinem Gehirn umgehen und liebevoll versuchen, dieses Gehirn positiv zu beschäftigen, mit positiven Dingen zu beschäftigen. Viele von uns praktizieren, glaube ich, diesen deutschen Satz „Arbeit ist die beste Therapie". Ich ertappe mich auch selbst immer wieder dabei, wenn ich missmutig bin und nicht so recht weiß, dass ich mir dann eine interessante Arbeit nehme und dass die Arbeit mich ablenkt. Das ist natürlich, wenn man an den vorhin beschriebenen Stresslevel denkt, nur manchmal eine gute Idee. Man sollte das nicht als Hauptbewältigungsstrategie nehmen, sich vor dem Grübeln mit der Arbeit zu retten.

4. Wie funktionieren Veränderungen? Von der Angst zur Motivation

Grundsätzlich wichtig für den autonomen Menschen ist die sogenannte Selbstregulation. Die bewusste Selbstregulation ist etwas, das man lernen kann. Wie gehe ich mit mir um? Diese Art der psychologischen Selbstbetrachtung ist aus meiner Sicht genau das, was Religionen immer schon geleistet und gelehrt haben. Wie gehe ich mit meiner Seele um? Welche Möglichkeit habe ich, mich innerlich auszurichten? Wie richte ich den Raum meiner Seele ein? Wenn ich mir vorstelle, meine Seele ist ein Raum: Habe ich nur Räume, in denen Sorgen, Sorgen, Sorgen sind, oder habe ich Räume, in denen Licht ist und Freiheit und Musik und Gemeinschaft und was es alles so Schönes gibt? Je bewusster ich mir mache, dass ich meinen seelischen Zustand immer ein Stück regulieren kann, selbst gestalten kann, je mehr, je häufiger, kann es mir gut gehen. Entspannungsübungen jeder Art, Fokussierung auf Ressourcen, das haben Sie alles schon einmal gehört. Wenn das so einfach wäre, würde es Millionen Menschen besser gehen. Aber so einfach ist es nun einmal leider nicht. Unsere Gewohnheiten sind wirklich stark und die Frage ist, was muss überhaupt passieren, damit Menschen sich ändern?

Eine Art von Veränderung ist schleichend und fortlaufend, zum Beispiel wie man altert. Das merkt man gar nicht, und ab und zu stellt man fest, dass sich etwas verändert hat. Das ist die eine Form von Veränderung, die auch seelisch so mit uns passiert. Interessant ist die andere Form von Veränderung, nämlich dass wirklich schwere Krisen, schwere Erkrankungen, Naturkatastrophen oft zu Veränderungen führen, die die Menschen hinterher positiv bewerten. Katastrophen, echtes Leid, wirkliches an den Rand des Lebens Kommen, hilft den Menschen irgendwie, zur Besinnung zu kommen und in ihrer Seele so weit aufzuräumen, dass sie sagen: Danke, dass ich überhaupt noch lebe. Danke für jede kleine Erfahrung, die ich machen kann. Etwas Leckeres essen, wie schön. Einfach auf zwei Beinen die Straße entlanggehen können, wie schön. Das sind immer wieder die Menschen, die in den Talkshows das Bedürfnis haben, es allen zu erzählen. Zuletzt ist es jetzt Guido Westerwelle. Von schwerer Krankheit genesen, predigt er das.[1]

Es ist sehr wertvoll, sich klarzumachen, dass Menschen tatsächlich in der Lage sind, plötzlich wahrzunehmen, wie kostbar und schön das Leben eigentlich ist. Bei den meisten Menschen, die zum Glück nicht so tragische Sachen erleben, funktionieren Veränderungen auf eine weitere, ganz einfache Art: Man ändert sich dann, wenn man etwas Besseres kriegen kann. Denken wir an das Thema Umzug. Man wohnt vielleicht in einer Wohnung, die einem nur durchschnittlich gefällt, und sagt sich, man müsse mal umziehen. Wenn man dann aber den Wohnungsmarkt sieht und sein Portemonnaie kennt, sinkt vielleicht die Motivation zu der Veränderung sehr schnell, und man arrangiert sich mit der bisherigen Wohnung. Aber wenn einem jemand ein schönes Haus anbietet und meint, ob man nicht in dieses Haus ziehen möchte, es koste sogar noch weniger Miete als die jetzige Wohnung, dann packt man ganz schnell und zieht um.

---

1 Ein halbes Jahr nach dem Vortrag ist die Todesnachricht von Guido Westerwelle publik geworden [Anm. der Hrsg.].

Menschen lieben es durchaus, sich zu verändern, wenn sie sich verbessern können. Und solange sie nicht wissen, ob sie sich verbessern können, sitzen sie in ihren Wohnungen, über Jahrzehnte. Warum auch nicht? Wo steht denn geschrieben, dass sich jeder verändern sollte? Wer sagt das denn? So geht es auch vielen Kirchenmenschen, die sich fragen, warum sie sich verändern sollten. Meine Wohnung gefällt mir ganz gut. Nur weil jetzt hier irgendjemand von einer Tagung kommt, soll ich etwas anders machen? Was soll mir das bringen? Und so geht es den vielen, die sich bisher nicht für die Kirche interessiert haben und sich fragen, was sie davon haben sollten.

5. Kirche „in eigener Kontrolle“

Deshalb empfehle ich uns, die wir als Individuen hier sind und bewusst mit uns selbst umgehen können, uns nur die Ziele und Dinge auszudenken, die in unserer eigenen Kontrolle sind. Immer dann, wenn ich Kirche für andere bauen will, wird meine Angst wieder größer. Weil ich ja nicht weiß, ob das klappt und ob ich ankomme mit meiner tollen Idee. Dann habe ich mir wieder so viel Mühe gegeben für andere, für all die, die noch gar nicht wissen, dass sie uns brauchen, oder die vergessen haben, dass sie uns brauchen. Ich habe noch eine Aktion gemacht, habe mich aus dem Fenster gelehnt, aber es kann trotzdem durchaus sein, dass das gar nicht ankommt. Da lauern Depression und Angst.

Meine Empfehlung ist, dass wir die Kirche so gestalten sollten, dass sie uns erst einmal selbst gefällt, und darauf unsere Energie richten. Wir sollten uns in möglichst vielen Situationen fragen, ob uns das hier eigentlich Freude macht. Ist das etwas, das meine Seele erhellt, erleichtert, lüftet, durchweht, und möchte ich das öfter haben? Würde ich mich freuen, wenn diese Veranstaltung, dieser kirchliche Termin morgen schon wieder wäre, oder bin ich froh, dass er erst in zwei Monaten wieder stattfindet? Das Wesentliche, das man zur Angstbewältigung im klinischen Sinne tun kann, ist, die eigenen Maßstäbe auch wirklich anzulegen und es umzusetzen, dass man sich dort engagiert und darauf konzentriert, wo Prozesse in eigener Kontrolle sind.

Menschen, denen diese Selbstregulation bezüglich ihrer Angsterregung aus dem Ruder gelaufen ist, können wieder lernen, ihren eigenen inneren Level unter Kontrolle zu kriegen. Sie können auf sich achten, wie sie mit sich umgehen. Man kann wohltuende Dinge nicht nur kurz einmal machen, sondern immer. Ich achte nicht nur kurzzeitig auf mich, weil ich gerade etwas Schlimmes überstanden habe, sondern das wird zu meiner Lebensqualität. Deshalb möchte ich auch den Einladenden im „Zentrum für Mission in der Region" einen sprachlichen Vorschlag machen. Wenn es um die Neuauflage dieses tollen Projektes geht, könnte man den schwierigen Missionsbegriff einfach beiseitelassen und die Arbeit nennen: „Zentrum für Lebensqualität in der Region im 21. Jahrhundert, Zentrum für Lebensqualität in der Kirche".

Wenn manche Protagonisten in der Kirche das traurige Gefühl haben auszusterben, dann kann ich das nicht ändern. Ich glaube, bestimmte Milieus und Dinge, die es lange gab, sterben aus, zum Beispiel Pfarrherrlichkeit ohne Kommunikationskompetenz, Pfarrherrlichkeit ohne Prozesssteuerungskompetenz. Das stirbt aus. Die neuen Verantwortungsträgerinnen und -träger brauchen die Personalkompetenz der Seelsorge und darüber hinaus Organisationskompetenz. Sie können die Sprache der Organisationsberatung sprechen oder zumindest verstehen. Die Verantwortungsträgerinnen des 21. Jahrhunderts können die Gehirne ihrer Mitstreiterinnen mit positiven Dingen beschäftigen. Sinn statt neurotischen Grübelns. Die Reise antreten und fröhlich miteinander Erfahrungen sammeln.

Und das ist jetzt mein letzter Impuls für Ihre Dreiergruppen, dass Sie sich nochmal kurz überlegen, bevor Sie miteinander sprechen:

Welche Situationen in Ihrem kirchlichen Leben sind oder waren für Sie wirklich beglückend und so großartig, dass Sie sagen, davon wollen Sie mehr, freiwillig, auch wenn andere nicht kommen? Tut mir leid für die anderen, wenn sie das verpassen, da haben sie Pech gehabt. Aber ich will das haben. Ich engagiere mich da, wo ich in der Kirche etwas wirklich erleben möchte.

6. Nach dem Salto

Noch einmal zurück zum Anfang. Was passiert nach dem Salto mit der Gruppe?

Vielleicht geht der eine oder die andere einfach seiner Wege und verliert das Interesse an der kirchlichen Welt. Viele aber treffen sich auf der Wiese wieder, setzen sich zusammen, reden, streiten und singen zusammen, weil sie das mögen.

Christhard Ebert

Mission und Region

1. Einleitung

„Region" ist im Kommen – seit Jahrzehnten schon als geografische, wirtschaftliche, touristische oder kommunale Kategorie. Auch in den evangelischen Kirchen in Deutschland gewinnt die Region in den letzten Jahren zunehmend Freunde – und löst jede Menge Fragen aus. Was ist sie eigentlich genau? Wie groß muss, wie klein darf sie sein? Ist sie mehr als eine Verwaltungsgröße? Oder nicht eigentlich bloß eine Verlegenheitslösung? Bietet sie tatsächlich Entwicklungschancen? Vielleicht sogar solche, die es nur in der Region gibt und nirgendwo sonst? Und kann man vielleicht auch ekklesiologisch über die Region nachdenken? Region also als Verkündigungsraum betrachten? Und wenn ja, wie verhalten sich dann Parochie und Region zueinander?

2. Parochie und Region

2.1 *Region als mehrdimensionales Konstrukt*

Der Begriff „Region" ist ein Containerbegriff, der weder die räumliche Ausprägung noch die inhaltliche Füllung vorgibt. Integrale Kraft kann dieser Begriff erst in konkreten Kontexten entwickeln, nicht aus sich selbst heraus. Das bedeutet für das Verständnis eines tragfähigen Regionenbegriffes:

- „Region" ist ein Raum mit empirischen Merkmalen (aus Geografie, Kultur, Milieu, Soziologie, Religiosität, Sprache,

Geschichte ...), die in der gesamten Region gelten und als identitätsstiftende Merkmale beschrieben bzw. entwickelt werden können. Insofern werden Regionen konstruiert oder müssen ggf. dekonstruiert werden.

- „Region" ist ein Raum, in dem durch Kooperation der regionalen Akteure vorhandene Ziele und Bedingungen verbessert oder neue Ziele und Bedingungen geschaffen werden können.
- „Region" ist also ein Raum mit identitätsstiftenden (homogenen) und kooperationsfördernden (differenten) Merkmalen. Als solcher kann er nicht beliebig klein oder beliebig groß sein. Seine Komplexität muss der wirksamen Spannung zwischen Homogenität und Differenz gerecht werden können.
- „Region" kann als mehrdimensionaler Gestaltungsraum verstanden werden. Damit verfügt er einerseits über mentale Dimensionen, die der Empirie nicht direkt zugänglich, aber wirksam sind. Andererseits bietet er den Menschen in der Region Möglichkeiten der selbstbewussten und mündigen Lebensgestaltung.

2.2 *Region als Zwischenraum*

Was eine Region ist, lässt sich außerhalb ihrer selbst schwer sagen. Grenzen sind fließend, und die Frageperspektive ist entscheidend (eine administrative Region muss keine mentale sein etc.). Dennoch scheint ein formales Kennzeichen immer zuzutreffen: Es gibt stets ein „kleiner als" und ein „größer als". Wenn dies immer zutrifft, dann ist das „Dazwischensein" offenbar wesentlich für Regionen, also konstitutiv: Region ist ein Zwischenraum. Zwischenräume haben mehrere Perspektiven:

- Sie sind Sichträume. Als solche sorgen sie für die Erkennbarkeit voneinander abgegrenzter Einheiten. Ohne Zwischenräume verwischen die Grenzen. Die aber werden gebraucht, damit Identitäten erkennbar bleiben und Diversität aufrechterhalten bleibt. Das ist einer der Gründe, warum die Region starke lokale Akteure braucht, und einer der Gründe, warum die Fusion von Gemeinden innerhalb einer Region gern von handfesten materiellen Gründen vorangetrieben wird, aber in der Regel weder einer geistlichen noch einer regionalen Logik folgt.
- Sie sind Resonanzräume. Sie sorgen für Resonanz zwischen voneinander abgegrenzten Einheiten. Eine solche Resonanz ist aus mehreren Gründen notwendig. In der Resonanz geschieht Begegnung. Freie Kommunikation wird möglich. Austausch findet statt. Lerneffekte treten ein. Menschen können frei über Nähe und Distanz entscheiden bzw. Nähe und Distanz in der Begegnung austarieren. Vertrauen kann wachsen.
- Sie können auch Überlappungs- oder Verbindungsräume sein. In dieser Perspektive sind Regionen Räume zwischen anderen Räumen, die sich überlagern. Strukturell können sie zum Beispiel zwischen Parochie und Dekanat/Kirchenkreis liegen, aber auch zwischen Dekanat und übergeordneter Propstei oder Landeskirche. Inhaltlich können sie den Übergang bzw. die Verbindung zwischen Planungsräumen einerseits und Gestaltungsräumen andererseits sein.
- Sie müssen in jedem Fall Freiräume sein. Das ist die erste und grundlegende Bedingung für Region als Zwischenraum – darum erwähne ich sie auch am Ende. Sie vertragen keine eigenen Grenzen, obwohl sie Begrenztes beherbergen können. Sie vertragen keine abschließenden Definitionen, obwohl sie Definiertes in Kontakt bringen

> können. Sie vertragen keine geordneten Strukturen, obwohl sie Ordnung besitzen. Sie vertragen keinen Stillstand, obwohl sie ohne Hektik auskommen.

In dieser Perspektive sind Regionen als Zwischenräume allerdings auch verletzlich, denn sie sind nicht an Herrschaft interessiert, sondern an der Entfaltung von Lebensmöglichkeiten. Gerade deshalb bedeutet diese Sicht eine der größten Herausforderungen auf dem Weg zu einer lebendigen Region: Weil sie immer dazwischen ist, braucht eine organische Regionalentwicklung zumindest am Anfang die Abgabe von Macht und Kontrolle seitens verfasster Ebenen.

2.3 Parochie und Region – relationale Identitäten

Starke Regionen brauchen starke lokale Akteure. Wenn wir einmal eine Region als einen Kooperations- und Gestaltungsraum betrachten, in dem mehrere Gemeinden einen am kirchlichen Auftrag bzw. dessen regionaler Kontextualisierung orientierten Entwicklungsprozess beginnen, dann ist es gut und richtig, wenn diese Gemeinden eine klar erkennbare und selbstbewusste Identität haben. Auftragsorientierte Regionalentwicklungsprozesse bedrohen keine parochialen Identitäten (anders als manche regionale Strukturanpassungsprozesse), sondern brauchen sie und fördern sie. Dies allerdings ist mit einer klaren Einschränkung verbunden, die mit der Frage nach Entstehung individueller wie auch kollektiver Identitäten zu tun hat. Die klassische Antwort auf diese Frage führt über die Ich-/Wir-Werdung durch Übereinstimmung nach innen und Abgrenzung nach außen.[1] Neuere psychologische und neurologische Untersuchungen zeigen aber,

1 BERNHARD GIESEN, Kollektive Identität. Die Intellektuellen und die Nation 2, Frankfurt am Main 1999, 24 f.

dass zur Identität auch die innere Verbundenheit mit dem Leben insgesamt gehört, die sogar als ursprünglicher und tiefgehender betrachtet werden kann.[2]

Identität ist also spannungsvoll ambivalent – zwischen Angst (als zur Grenze gehörig) und Vertrauen (als zur Verbundenheit gehörig). In vielen Fällen ist aber der Aspekt der Angst stärker ausgeprägt, sowohl individuell als auch kollektiv. Und hier liegt die Herausforderung für regionale Entwicklungsprozesse. Solange parochiale Identität mehr von Angst als von Vertrauen geprägt ist und deshalb mehr auf Abgrenzung setzt als auf Verbundenheit, wird es für die Region schwer. Sie braucht Identitäten, die sich weniger über das Anders-Sein als mehr über das eigene So-Sein definieren. Identitäten, die das Eigene wahren und gleichzeitig offen und neugierig auf das andere sein können.

Hier bekommt die Region als Resonanzraum Bedeutung (s. o.), weil hier in der Begegnung unterschiedlicher parochialer Identitäten mit sozialen, mentalen und geistlichen Wechselwirkungseffekten gerechnet werden kann. Diese Resonanzphänomene sind möglicherweise auch ein wichtiger Bestandteil individueller und kollektiver Identitätsbildung[3] und eben auch für die Identität einer Region. Relationale – auf Beziehung und Begegnung basierende – Ich-Identitäten innerhalb einer Region führen im besten Fall zu einer Solidarität, in der parochiales ICH und regionales WIR in ein neues und sich gegenseitig befruchtendes Verhältnis treten.

---

2 GERALD HÜTHER, Was wir sind und was wir sein könnten. Ein neurobiologischer Mutmacher, Frankfurt am Main 2011, 17 f.; MONIKA KRENZ, Erlösung aus Prägung, Paderborn 2008, 67 f.

3 „Ich bin ich, weil du du bist." – Identität in und durch Dialog würde zu einer dialogisch-polyphonen Kultur führen, s.: CHRISTOPH GELLNER, Der Glaube der Anderen. Christsein inmitten der Weltreligionen, Düsseldorf 2008, 20 f.

In konkreten Kontexten ist eine vierfache Unterscheidung hilfreich: zwischen personaler, kollektiver, organisationaler und regionaler Identität. Selbstverständlich ist diese Unterscheidung nicht trennscharf. Personale Identität entwickelt sich auch in Resonanz zum sozialen System, in das ein Mensch hineingeboren wird und in dem er aufwächst.[4] Eine kollektive Identität ist natürlich ihrerseits nicht unabhängig von den einzelnen Identitäten der Mitglieder des Systems, auch wenn sie nicht einfach als Summe einzelner Identitäten zu verstehen ist. Und eine organisationale Identität birgt wiederum verschiedene kollektive und personale Identitäten in sich, wird von diesen beeinflusst und verändert diese ihrerseits. Und auch hier gilt, dass Organisationen nicht einfach nur als Container zu verstehen sind oder als Summe der Prozesse, die in ihnen ablaufen, sondern eine eigene Psychodynamik entfalten.[5] Personen, Gemeinschaften und Organisationen sind ihrerseits mit anderen eingebunden in größere Kontexte wie z. B. Dekanate, die hier zusammenfassend als Region mit wiederum eigener regionaler Identität verstanden werden.

Für den Zusammenhang zwischen personaler, kollektiver, organisationaler und regionaler Identität ist nun die Beobachtung wichtig, dass die jeweiligen Identitäten unschärfer werden, je größer der Kontext ist. Die Anzahl der Akteure, Gruppen und Systeme nimmt in größeren Zusammenhängen zu. Dadurch werden auch ihre Interaktionen bzw. deren Auswirkungen komplexer. Das kann von Einzelnen immer weniger gut wahrgenommen und gedeutet werden und

4 ERIK H. ERIKSON, Identität und Lebenszyklus. Frankfurt am Main 1973, 12.

5 MATTHIAS LOHMER, Das Unbewusste in Unternehmen. Konzepte und Praxis psychodynamischer Organisationsberatung, in: MATTHIAS LOHMER (Hrsg.), Psychodynamische Organisationsberatung. Konflikte und Potentiale in Veränderungsprozessen, Stuttgart 2004, 18–39.

verliert damit auch an Bedeutsamkeit. Das heißt nun nicht, dass größere Einheiten keine Identität hätten. Aber für den Umgang mit regionaler Identität sind Folgerungen zu bedenken:

- Eine komplexe Identität lässt sich schnell auf einen Aspekt ihrer selbst reduzieren.
- Eine unscharfe Identität mit diffusen Grenzen hat im Prinzip eine höhere Integrationskraft, während eine scharfe Identität mit klaren Grenzen eine bessere Erkennbarkeit besitzt.
- Wenn die Identität einer Region auch die Funktion von Beheimatung, Vergewisserung und Orientierung bieten soll, ist der Identitätsraum nicht beliebig dehnbar, sondern endet dort, wo auch Begegnungs- und damit Beziehungsmöglichkeiten der gemeindlichen oder regionalen Akteure enden.
- Die Identität größerer Einheiten liegt nicht einfach auf der Hand. Um sie zu erkennen bzw. zu entwickeln, sind entsprechend komplexe Modelle der Beobachtung und Prozesse der Veränderung notwendig.[6]

2.4 Regionale Identität entdecken

Um regionale Identität zu verändern, zu entwickeln oder auch neu zu (er)finden, müssen die jeweiligen Einflussfaktoren bekannt sein, die regionale Identität ausmachen. Das

---

6 Dafür stehen zwei Werkzeuge zur Verfügung, die das EKD-Zentrum für Mission in der Region entwickelt hat: Christhard Ebert/Juliane Kleemann/Hans-Hermann Pompe, So sind wir. Wie regionale Identität und Evangelium sich treffen können, ZMiR:werkzeug, Dortmund 2012.; Christhard Ebert/Juliane Kleemann/Hans-Hermann Pompe, Der regionale Fingerabdruck, ZMiR:werkzeug, Dortmund 2013. Beide Werkzeuge stehen unter <www.zmir.de/material-angebote> zum Download bereit.

ZMiR hat ein Theoriemodell entwickelt, das drei Dimensionen regionaler Identität unterscheidet:

- *Kognitionale Marker:* aller äußeren sichtbaren, hörbaren, fühlbaren, riech- und schmeckbaren materialen Phänomene.
- *Mentale Indikatoren:* immaterielle Phänomene wie Sprüche, Leitbilder oder Vorurteile.
- *Aktive Produzenten:* Ereignisse wie Feste, dynamische Phänomene wie Tageszeitungen, einflussreiche Menschen oder Gruppierungen.

Mit Hilfe des ZMiR-Workshops „So sind wir" können diese Einflussfaktoren erkannt, beschrieben und analysiert werden. So können die grundlegenden Informationen bereitgestellt werden, um zu entscheiden, wo und wie regionale Veränderungsprozesse ansetzen können. Einflussfaktoren können so zu Gestaltungsfaktoren werden.

Eine weitere Möglichkeit speziell für kirchliche Regionen (Kirchenkreise, Dekanate) ist der „Regionale Fingerabdruck" – eine Umfrage, durch die entlang von 13 Dimensionen mit je sechs Fragen eine Art Fingerabdruck der Region entsteht. Diese Umfrage eignet sich als Nullmessung, als Indikatorbestimmung für anstehende Veränderungsprozesse, Ergänzung des Workshops „So sind wir" oder als Grundlage für eine vertiefte Regionalanalyse.

2.5 *Ekklesiologie für die Region – Chancen und Risiken*

Wenn wir also die Region als einen Raum verstehen, der auch deshalb entsteht, existiert und sich verändert, weil die Menschen in der Region verschiedene Dimensionen in ihn eintragen, dann liegt die Frage auf der Hand, was die evangelische Kirche in die Region eintragen kann. Und dann liegt zumindest für mich auch die Antwort auf der Hand: Als

Kirche tragen wir die geistliche Dimension in eine Region ein.

Das ekklesiologische Modell dahinter orientiert sich am paulinischen Bild des Leibes Christi. Auch wenn wir zu Recht denken, die Parochie sei ganz Leib Christi, so ist sie doch keineswegs der ganze Leib Christi. Deshalb betrachten wir ganz einfach die Region als Leib Christi und die dazugehörenden Ortsgemeinden als Glieder am Leib Christi. Und selbstverständlich beziehen wir auch andere regionale Akteure mit ein, die Einrichtungen und Werke, die sowieso schon regional arbeiten wie zum Beispiel Diakonie oder Bildung.

Eine so verstandene Region – Region als Leib Christi – hat verschiedene Aspekte.

- Eine der wichtigsten Eigenschaften einer Region als Leib Christi ist *Unterschiedlichkeit*: „Nun aber sind es viele Glieder, aber der Leib ist ‚einer'" (1Kor 12,20). Die Unterschiedlichkeit der einzelnen Glieder wird hier eingebettet in die grundlegende Identität der Region als Leib Christi. Die aber vereinnahmt nicht. Sie löst lokale Identitäten nicht auf: Hand bleibt Hand und Fuß bleibt Fuß. Starke lebendige Regionen haben starke lokale Akteure. Aber der Leib Christi bindet seine Glieder in gegenseitiger Solidarität aneinander.
- Unterschiedlichkeit in Solidarität braucht *Vernetzung*. Das fördert Selbstorganisation und ermöglicht neues Denken: „Das Auge kann nicht sagen zu der Hand: Ich brauche dich nicht; oder auch das Haupt zu den Füßen: Ich brauche euch nicht" (1Kor 12,21).
- Eine Region als Leib Christi mit solidarisch vernetzten Gliedern bildet auch einen *Kooperationsraum*, in dem ein „Mehrwert" entsteht: „Denn wie wir an ‚einem' Leib viele Glieder haben, aber nicht alle Glieder dieselbe Aufgabe haben, so sind wir viele ‚ein' Leib in Christus, aber

untereinander ist einer des andern Glied, und haben verschiedene Gaben nach der Gnade, die uns gegeben ist" (Röm 12,4–6). Das beinhaltet auch konstruktiven Wettbewerb, solange dieser nicht personal, sondern zielorientiert angelegt ist: „Wisst ihr nicht, dass die, die in der Kampfbahn laufen, die laufen alle, aber einer empfängt den Siegespreis? Lauft so, dass ihr ihn erlangt" (1Kor 9,24).

- Regionen haben das größte Entwicklungspotenzial, wenn ihre *Ordnungen* beweglich und flexibel sind. Kirchliche Ordnungen sind vielfach zu stabil und verhindern damit Innovation und Entwicklung und verstellen den Blick darauf, wie das Unverfügbare des Heiligen Geistes, das Geheimnis göttlicher Wege auch in kirchlichen Ordnungen offengehalten wird: „O welch eine Tiefe des Reichtums, beides, der Weisheit und der Erkenntnis Gottes! Wie unbegreiflich sind seine Gerichte und unerforschlich seine Wege! Ihm sei Ehre in Ewigkeit! Amen" (Röm 11,33). Wenn wir in unseren Ordnungen so etwas wie eine Aufweichung und Flexibilisierung brauchen, könnte eine der wichtigsten Bedingungen dafür sein, Gott die Ehre zu geben!
- Eine Region als Leib Christi befindet sich in einem permanenten *Entwicklungsprozess*. Es gibt keinen Stillstand, solange das „große Ziel" nicht erreicht ist: „Denn das ängstliche Harren der Kreatur wartet darauf, dass die Kinder Gottes offenbar werden" (Röm 8,19). Das bedeutet allerdings keine permanente Hektik, sondern meint ein ruhiges und fließendes Werden, das sich aus der Quelle des Lebens selbst speist und nicht aus den Zwängen der Selbstrechtfertigung.
- Dazu gehören *Freiräume*, in denen Experimente gewagt werden, Innovationen gewonnen werden und aus Fehlern gelernt werden kann.

- Und ein vorläufig Letztes: Gegenseitige *Wertschätzung* und In-Wert-Setzung: „Und wenn ‚ein' Glied leidet, so leiden alle Glieder mit, und wenn ‚ein' Glied geehrt wird, so freuen sich alle Glieder mit" (1Kor 12,26). *Solidarität* und gegenseitige In-Wert-Setzung dürften für die Ausbildung einer (auch neuen) regionalen Identität von größter Bedeutung sein, denn Menschen erfahren (und hören nicht nur): Du kommst hier vor – du bereicherst und stärkst – und wirst selbst gestärkt!

Alle Aspekte sind miteinander verbunden durch die Kraft des Leibes Christi als einer gemeinsamen regionalen Lebensenergie. Aus ihr speist sich alles, auf sie bezieht sich alles.

3. Als Kirche in der Region ein missionarisches Profil gewinnen!

3.1 Region als Utopie und Verheißung

Eine am Auftrag Jesu orientierte kirchliche Regionalentwicklung muss wissen, wohin sie in der konkreten Region (mit den jeweils spezifischen Herausforderungen, Problemlagen, Stärken, Möglichkeiten etc.) will. Regionen brauchen also Utopien. Vielleicht muss man so weit gehen zu sagen, „dass ‚Regionen' eine ideale, utopische Dimension zugeschrieben werden *muss*, wenn sie mehr sein sollen als eine politisch- oder kirchlich-administrative Kopfgeburt".[7] Für alle regionalen Entwicklungsprozesse braucht diese ideal-utopische

---

7 JAN HERMELINK, „Region" als Konfliktfeld und Konfliktlösung. Praktisch-theologische und kirchengeschichtliche Beobachtungen, in: DANIEL HÖRSCH/ HANS-HERMANN POMPE (Hrsg.), Region – Gestaltungsraum der Kirche. Begriffsklärungen, ekklesiologische Horizonte, Praxiserfahrungen, Leipzig 2012 (KiA 4), 54.

Dimension die Form eines Bildes, wie es angeblich Antoine de Saint-Exupéry formuliert hat: Wenn du ein Schiff bauen willst, so trommle nicht Männer zusammen, um Holz zu beschaffen, Werkzeuge vorzubereiten, Aufgaben zu vergeben und die Arbeit einzuteilen, sondern lehre sie die Sehnsucht nach dem weiten endlosen Meer.

Um diese Sehnsucht geht es auch in der Kirche. Diese Sehnsucht findet ihren Ausdruck in einer Vision, die „aus einem umfassenden, auf Prinzipien, Bedürfnissen und Gaben beruhenden *Sehen* jenseits von Chronos und sogar Kairos hervorgeht".[8]

Diese Vision ist also ein Bild der Zukunft, die aus Gottes umfassenden Heilswillen für alle Menschen (1Tim 2,3.4) entspringt, in der Kirche in der Region ihren Auftrag erfüllt und ihre Haltungen, Strukturen und Prozesse diesem Auftrag angepasst hat, in der Menschen ihre „Kern-Leidenschaft"[9] wirkungsvoll leben und wichtige Ziele erreicht werden. Jeder kirchliche, auch jeder kirchlich-regionale Entwicklungsprozess braucht eine Vision, wenn er nicht blutleer, leidenschaftsarm und unattraktiv vor sich hin kränkeln will. Ohne Vision keine Motivation, keine Kooperation, keine Innovation, keine Entlastung und keine geistliche Anziehungskraft.

Eine solche Vision fällt nicht vom Himmel. Sie muss – auch wenn sich das vielleicht paradox anhört – erarbeitet werden. Und diese Arbeit ist zuallererst geistliche Arbeit. Sie geschieht im Vertrauen darauf, dass Gott in uns das Bild seiner Zukunft entstehen lässt – im gemeinsamen Hören auf ihn, gemeinsamen Gebet und gemeinsamen Träumen. Die

8 STEPHEN R. COVEY u.a., Der Weg zum Wesentlichen. Zeitmanagement der vierten Generation, Frankfurt a.M. / New York 2003, 96.

9 MATTHIAS ZUR BONSEN, Leading with Life. Lebendigkeit im Unternehmen freisetzen und nutzen, Wiesbaden 2010, 119.

Erarbeitung einer regionalen Vision kann grundsätzlich aus folgenden Schritten bestehen[10]:

- Vergegenwärtigung – wo stehen wir in der Region?
- Metapher-Analyse – unsere Region ist wie ...
- biblische Verheißung – was Gott für unsere Region will
- Bildreise in die Zukunft der Region
- Formulierung der regionalen Vision

Von der Vision als einem leitenden Bild zu unterschieden sind regionale Leitsätze – ein von der Region erarbeiteter und verbindlich beschlossener Text, der zwischen der Vision (dem Leitbild) und der Gegenwart der Region vermitteln will. Leitsätze beantworten die Frage: „Wer sind wir und was wollen wir?" Sie sind schriftlicher Ausdruck der Corporate Identity der Region und tragen dazu bei, dass die Region sich vom gegenwärtigen Zustand auf das formulierte Soll „Wer wollen wir sein?" hin entwickelt. Außerdem unterstützen sowohl das Leitbild (die Vision) als auch die Leitsätze einen realistischen Optimismus, indem es unrealistische Wünsche und ideologiebehaftete Erwartungen abwehrt bzw. erdet.

Vision und Leitsätze sind nur zwei Bausteine in einem regionalen Entwicklungsprozess. Dazu kommt die Suche nach regionalen Themen (die von den Menschen einer Region her gedacht werden, nicht von kirchlichen Notwendigkeiten), nach Kompetenzen und Charismen, die für den Prozess zur Verfügung stehen, und den notwendigen materialen Ressourcen. Dann können gemeinsame regionale Ziele formuliert werden und an die Umsetzung gedacht werden.

---

10 Die genaue Vorgehensweise wird beschrieben bei: Christhard Ebert, Die Vision für die Region. ZMiR:werkzeug, Dortmund 2013. Download unter www.zmir.de.

3.2 Regionale Kooperation als Methode

Region ist neben anderem auch ein Kooperationsraum, der davon lebt, dass verschiedene Akteure auf unterschiedliche Weise etwas miteinander tun, um gemeinsame Ziele für die Region zu erreichen.

Damit Kooperation gelingt (und nachhaltig stabil wird), braucht es Voraussetzungen, förderliche Rahmenbedingungen und Haltungen sowie Methoden.

Kooperation ist einfach und in ihrer Einfachheit fast schön. Sie ist – wenn sie erst einmal stabil ist – nahezu unzerbrechlich. Stabile kooperierende Systeme funktionieren nach folgenden sieben Regeln:

1. Ein grundlegendes Prinzip aller Kooperation ist Gegenseitigkeit: Wie du mir, so ich dir! Wo dieses Prinzip durchbrochen wird, hat Kooperation keine Chance mehr.
2. Das Prinzip der Gegenseitigkeit (Reziprozität) braucht Stabilität und Verlässlichkeit. Es ist umso stabiler, je mehr es von Zukunftshoffnung getragen wird. Je mehr die Kooperationspartner von der Zukunft erwarten, desto stabiler wird gegenseitiges Nehmen und Geben.
3. Kooperierende Systeme sind freundlich und optimistisch. Sie gehen grundsätzlich davon aus, dass ein Partner tatsächlich kooperiert, und kooperieren deshalb immer zuerst. Dieser Optimismus allerdings braucht ebenfalls Zukunftshoffnung.
4. Kooperierende Systeme sind konsequent in der Anwendung der Gegenseitigkeit: Wenn ein Partner nicht kooperiert, kooperiert der andere ebenfalls nicht.
5. Kooperierende Systeme sind aber auch nicht nachtragend. Fehlverhalten führt nicht zu dauerndem Liebesentzug. Kooperation ist wichtiger.

6. Kooperierende Systeme haben einfache und leicht verständliche Verhaltensregeln. Das erhöht eine verlässliche Vorhersage des Verhaltens, stabilisiert Gegenseitigkeit und stärkt Vertrauen.
7. Kooperierende Systeme brauchen regelmäßige Kontakte zwischen den Kooperationspartnern.

Zu den förderlichen Rahmenbedingungen können zählen:
- *Freiwilligkeit.* Ohne sie wird keine stabile Kooperation gelingen. Ohne Freiwilligkeit wird es schwer, freundlich, optimistisch und hoffnungsvoll zu sein.
- *Vision.* Es muss allen klar sein, worum es geht. Das betrifft das Zukunftsbild der Region, das Entdecken der zentralen Herausforderung der Region, die Antwort darauf und die Strategie, wie diese Antwort laut werden kann.
- *Gegenseitigkeit.* Es muss allen klar sein, was die einzelnen Kooperationspartner für das gemeinsame Ziel beitragen können.
- *Überzeugungen.* Es muss allen klar sein, welche Werte und Glaubenssätze innerhalb der Region gelten (bzw. gelten sollen).
- *Strukturen.* Es muss allen klar sein, welche Strukturen in der Region existieren.
- *Verantwortlichkeiten.* Es muss allen klar sein, wer in einer Region welche Verantwortlichkeit hat.
- *Kommunikation.* Es muss allen klar sein, wie Kommunikationsstrukturen aussehen.

Auch bestimmte Haltungen bzw. Werte oder Überzeugungen unterstützen Kooperationsprozesse:
- Regionale Kooperation braucht *Zeit* statt Hektik. Ihre Früchte wachsen, aber sie wachsen langsam. Sorgfalt,

Geduld und langer Atem sind wichtiger als schneller Aktionismus.

- Regionale Kooperation braucht *Gabenorientierung* statt Aufgabenorientierung. Nicht jede/r kann alles und muss es auch nicht. Mitarbeitende sollen das tun dürfen, was ihnen liegt. Die erste Frage wäre also nicht: „Kannst du, was du tust?", sondern: „Tust du, was du kannst?"
- Regionale Kooperation braucht *Neugier* statt Abgrenzung. Neugierige Menschen sind offen für das Unbekannte. Sie wissen, dass sie selbst bereichert werden in der Zusammenarbeit mit anderen. Neugierige Menschen überschreiten Grenzen, weil sie wissen, dass Grenzen auch Kontaktflächen sind, dass hinter Grenzen Leben wartet.
- Regionale Kooperation braucht *Vertrauen* statt Vereinzelung. Vertrauen ist der Kitt in Beziehungen. Nur mit Vertrauen gelingen Gespräche, entsteht Nähe, darf Distanz sein. Nur in vertrauensvoller Atmosphäre können kirchliche Tabuthemen (Macht, Neid, Konkurrenz, ...) auf den Tisch gelegt und bearbeitet werden, die ansonsten einem jeden Entwicklungsprozess im Weg stehen.
- Regionale Kooperation braucht *Fehlerfreundlichkeit* statt Perfektionismus. Wer Fehler machen darf und verstanden hat, dass aus Fehlern gelernt werden kann, der hat mehr Mut und traut sich fröhlicher und unbefangener an Neues heran.
- Regionale Kooperation braucht *Freiheit* statt Bevormundung. Neue Ideen sind wie zart keimende Pflanzen. Sie brauchen Freiheit und Schutz. Sie müssen ausprobiert werden und Wurzeln schlagen können. Allzu schnelle Reglementierung durch Verordnungen vertragen sie nicht. Regionale Räume sind auch experimentelle Räume. Irgendwann wird man verbindliche Absprachen treffen,

aber erst, wenn Vertrauen gewachsen ist, Mitarbeitende mit Lust dabei sind, genug Fehler gemacht worden sind und eine Vision ihre Stärke bewiesen hat. Ordnungen haben dem Leben zu dienen.

- Regionale Kooperation braucht *geistliche Bodenhaftung*. Visionen lassen Flügel wachsen, und das Gebet um den täglich nächsten neuen Schritt hält am Boden. In dieser Spannung ist Offenheit für den Heiligen Geist. Diese Spannung hält fest, dass Mitarbeitende zwar die äußeren Akteure in regionaler Kooperation sind, aber Gott selbst der innere Akteur sein will und soll.
- Regionale Kooperation braucht *„viel weniger"* statt „immer mehr". Sie addiert nicht einfach weitere Aufgaben zu bereits bestehenden. Sie entlastet Mitarbeitende sowohl durch Delegation als auch durch Verzicht von Aufgaben. Sie schafft Sicherheit und Durchblick durch konkrete Aufgabenbeschreibungen. Sie schützt vor Verzettelung.

Bei den Methoden regionaler Kooperation kann unterschieden werden zwischen horizontaler, vertikaler und komplementärer Kooperation.

- In der *horizontalen Kooperation* werden gleiche Aufgaben auch gemeinsam getan. Die Kräfte werden gebündelt und die Risiken geteilt. Wenn die Konfirmandenarbeit zum Beispiel regional organisiert wird, sind vielleicht nicht mehr fünf Hauptamtliche damit beschäftigt, sondern nur noch ein oder zwei. Ebenso könnten Gottesdienste, kirchenmusikalische Angebote und sogar der Predigtdienst regional gebündelt werden.
- In der *vertikalen Kooperation* werden Aufgaben je nach den vorhandenen Stärken aufgeteilt. Keiner macht mehr alles. Die regionalen Akteure spezialisieren sich mit Blick

auf ein gemeinsames regionales Ziel. Gegenseitige Konkurrenz wird reduziert, indem aufeinander verwiesen und füreinander geworben wird – weil alle einander brauchen.
- In der *komplementären Kooperation* geht es darum, von einem gemeinsamen Ziel her und unter Berücksichtigung der vorhandenen Kompetenzen die regionale Angebotsstruktur neu zu ordnen, so dass verschiedene Angebote sowohl miteinander konkurrieren als auch einander ergänzen und unterstützen. Komplementäre Kooperation kann auch durch das Stichwort „Coopetition" gekennzeichnet werden – Kooperation und Konkurrenz unterstützen sich gegenseitig.

Alle Kooperationsformen können sowohl Zeit und Kraft freisetzen als auch durch ihre Kompetenzorientierung dazu beitragen, dass Menschen wieder mit mehr Freude und Lust am missionarischen Auftrag der Kirche mitwirken.

Wenn kirchliche Akteure in der Region beschließen, einen gemeinsamen regionalen Kooperationsprozess zu beginnen, dann ist es sinnvoll, diesen mehrstufig anzulegen. Dabei geht dieser Weg grundsätzlich von den einfachen zu den komplexen Kooperationsmodellen, von schnell und einfach umzusetzenden zu den langfristigen Schritten, von schnell zu erzielenden ‚Erfolgen' hin zu den nachhaltigen Wirkungen. Ein solcher behutsamer Weg kann schnell zu ersten guten Erfahrungen führen, kann die Motivation der Beteiligten wachhalten und kann die Lernerfahrungen freisetzen, die dann auch die längeren Wege, Durststrecken, Misserfolge etc. aushalten lässt.

Am Anfang – unter der Voraussetzung, dass es wenigstens eine Absichtserklärung der Leitungsgremien für einen gemeinsamen regionalen Kooperationsprozess gibt – stehen deshalb einige grundsätzliche Überlegungen zur jeweiligen Ausgangssituation:

- Wir fangen bei Null an – es gibt noch keine Erfahrung der Zusammenarbeit. In dieser Situation sind zunächst einmal die Voraussetzungen für eine gelingende Kooperation zu erwägen und ggf. zu schaffen. Dann fällt die Entscheidung für ein erstes, überschaubares Projekt – vielleicht ein erster regionaler Gottesdienst oder ein gemeinsamer Gemeindebrief. Nach den ersten und dann hoffentlich guten Erfahrungen kann dann ein zweites und vielleicht drittes Projekt ins Auge gefasst werden.
- Es gibt bereits Erfahrungen mit regionaler Kooperation. In aller Regel sind dies dann Erfahrungen mit dem sog. horizontalen Kooperationsmodell. Diese Erfahrungen werden ausgewertet: Was läuft gut? Was weniger gut? Was kann ausgebaut werden? Was muss korrigiert werden? Was wird neu in den Blick genommen? Was kann aufgegeben werden?
- Auf dieser Stufe hängen die Früchte noch relativ niedrig, aber sie werden irgendwann gepflückt und die Möglichkeiten der horizontalen Kooperation irgendwann ausgeschöpft sein. Dann kann überlegt werden, die nächste Stufe hin zur vertikalen Kooperation zu ‚erklimmen'. Damit beginnt ein neuer Prozess, der auf den bisherigen Erfahrungen aufbaut.
- Die Region als gemeinsamer Raum des Glaubens und Handelns kommt sehr viel deutlicher in den Blick, wenn Aufgaben regional und an Stärken orientiert verteilt werden und einzelne regionale Akteure in bestimmten Bereichen die Verantwortung für die ganze Region übernehmen. Auch die Ebene der vertikalen Kooperation braucht Zeit und muss in Ruhe durchwandert werden

können. Ihre Früchte hängen höher, aber sie schmecken besser und machen länger satt.

- Der Mehrwert einer vertikalen Kooperation ist nicht sofort erkennbar, hat aber deutliche regionale Auswirkungen. Was auf dieser Ebene gelernt wird an Gelingen und Misslingen, an gemeinsamer Freude und gemeinsamer Trauer, stärkt vor allem die kirchliche und geistliche Identität der Region und schafft die Voraussetzungen, irgendwann gemeinsam auch die Stufe der komplementären Kooperation zu erreichen.

Irgendwann auf dem Weg zwischen erster und zweiter bzw. zweiter und dritter Stufe sind auch Überlegungen zu einem gemeinsamen regionalen Konzept anzustellen. Es ist jedoch nicht ratsam, mit einem inhaltlichen Konzept anzufangen. Die Gefahr der Selbstüberforderung ist zu groß, solange es noch keine ersten und guten Erfahrungen mit einfachen Modellen der Kooperation gibt. Sobald die vorliegen, kann ein regionales Konzept Schritt für Schritt wie von selbst mitwachsen und zu gegebener Zeit in eine aktive Planung münden.

3.3 Selbstbeschränkung als heilsame Profilierung

Wenn kirchliche Regionalentwicklung nach einem *Mehr*wert fragt, kann der Eindruck entstehen, auch da ginge es wieder einmal um *mehr* Arbeit, Verantwortung, Gremien, Belastung ... Das alles jedoch wäre kein Mehrwert. Ein Mehrwert kirchlicher Regionalentwicklung wäre u.a. tatsächlich ein Weniger von allem. Das wäre einerseits eine heilsame Entlastung für haupt- und ehrenamtlich Mitarbeitende in Gemeinden und Region, die dann andererseits wieder zu mehr Freude, Kraft und Energie und damit einer höheren Attraktivität und Ausstrahlungskraft von Kirche in der Region führen kann.

Nun ist Selbstbeschränkung keine sonderlich gut ausgeprägte Tugend in der evangelischen Kirche, ebenso wenig wie die Kunst, Aufgaben zu priorisieren, oder die Fähigkeit, genauso erfolgreich kleiner zu werden, wie man einst gewachsen ist. Grund dafür könnte die sogenannte „programmierte Überforderung" sein: Theologisch gesehen ist die Kirche aufgrund ihres Missionsbefehls richtigerweise an alle Menschen und zu jeder Zeit gewiesen. Also kann und darf es auch keine Selbstbeschränkung geben. Die Konsequenzen dieser programmierten Überforderung von haupt- und ehrenamtlich Engagierten liegen auf der Hand und tragen als Hintergrundfolien zu Burn-out-Erkrankungen bei.[11] Es würde jedoch schon reichen, die Sendung „in alle Welt" auf die real vorhandenen Handlungsspielräume zu beziehen, z. B. die eigene Region – da ist in aller Regel genug Welt drin. Eine auftragsorientierte oder missionarisch qualifizierte Regionalentwicklung trüge dann den Gedanken der Entlastung durch Selbstbeschränkung bzw. Konzentration fast automatisch in sich: Eine regionale Vision ist schließlich nur ein Bild aus einer Vielzahl möglicher Bilder. Auch regionale Themen können konzentrierend wirken. Nimmt man dann noch die vorhandenen Kompetenzen dazu, ist folgende Schlussfolgerung möglich: Nur was zur Vision, zu den Themen und zu den Kompetenzen passt, ist eine regionale kirchliche Aufgabe. Konkret bedeutet das, drei Blickrichtungen miteinander zu verbinden:

- von der Vision, den Leitsätzen und den Zielen her,
- von den Menschen, ihrer Leidenschaft und ihren Kompetenzen her,

---

11 Vgl. Andreas von Heyl, Zwischen Burnout und spiritueller Erneuerung. Studien zum Beruf des evangelischen Pfarrers und der evangelischen Pfarrerin. Frankfurt 2003, z. B. 160 ff.

- von der Region und ihren Themen her.

Das Zusammenspiel dieser drei Dimensionen bedeutet in einem regionalen Entwicklungsprozess aber auch drei Festlegungen:

- Wir tun nur das, was unserer Vision, unseren Leitsätzen und unseren Zielen entspricht.
- Wir tun nur das, was unseren Mitarbeitenden, ihrer Leidenschaft und ihren Kompetenzen entspricht.
- Wir tun nur das, was den Themen in unserer Region entspricht.

Für einen regionalen Entwicklungsprozess können das schließlich die folgenden Schritte sein:

- Wir erforschen die Identität unserer Region.
- Wir entdecken eine gemeinsame regionale Vision.
- Wir suchen die konkreten Herausforderungen und Themen für Kirche in unserer Region.
- Wir formulieren unsere regionalen Leitsätze und leiten entsprechende Ziele ab.
- Wir fragen Menschen nach ihrer Leidenschaft und ihren Kompetenzen.
- Aus Themen (mit Leitsätzen und Zielen) sowie Kompetenzen werden Aufgaben.
- Aufgaben werden in Projekten umgesetzt.

Hier hätten wir es dann mit einer begründbaren Priorisierung zu tun, die sowohl Entlastungseffekte generieren als auch zur Profilierung beitragen kann.

4. Literatur

Bücher

BONSEN, MATTHIAS ZUR, Leading with Life. Lebendigkeit im Unternehmen freisetzen und nutzen, Wiesbaden 2010.

COVEY, STEPHEN R. u. a., Der Weg zum Wesentlichen. Zeitmanagement der vierten Generation, Frankfurt a. M. / New York 2003.

ERIKSON, ERIK H., Identität und Lebenszyklus. Frankfurt am Main 1973.

GELLNER, CHRISTOPH, Der Glaube der Anderen. Christsein inmitten der Weltreligionen, Düsseldorf 2008.

GIESEN, BERNHARD, Kollektive Identität. Die Intellektuellen und die Nation 2, Frankfurt am Main 1999.

HEYL, ANDREAS VON, Zwischen Burnout und spiritueller Erneuerung. Studien zum Beruf des evangelischen Pfarrers und der evangelischen Pfarrerin. Frankfurt 2003.

HERMELINK, JAN, ‚Region' als Konfliktfeld und Konfliktlösung. Praktisch-theologische und kirchengeschichtliche Beobachtungen, in: HÖRSCH, DANIEL/POMPE, HANS-HERMANN (Hrsg.), Region – Gestaltungsraum der Kirche. Begriffsklärungen, ekklesiologische Horizonte, Praxiserfahrungen, Leipzig 2012.

HÜTHER, GERALD, Was wir sind und was wir sein könnten. Ein neurobiologischer Mutmacher, Frankfurt am Main 2011.

RENZ, MONIKA, Erlösung aus Prägung, Paderborn 2008.

LOHMER, MATTHIAS, Das Unbewusste in Unternehmen. Konzepte und Praxis psychodynamischer Organisationsberatung, in: LOHMER, MATTHIAS (Hrsg.), Psychodynamische Organisationsberatung. Konflikte und Potentiale in Veränderungsprozessen, Stuttgart 2004.

Elektronische Quellen

EBERT, CHRISTHARD/KLEEMANN, JULIANE/POMPE, HANS-HERMANN, So sind wir. Wie regionale Identität und Evangelium sich treffen können, ZMiR:werkzeug, Dortmund 2012. Download unter <www.zmir.de/material-angebote>.

Ebert, Christhard/Kleemann, Juliane/Pompe Hans-Hermann, Der regionale Fingerabdruck, ZMiR:werkzeug, Dortmund 2013. Download unter <www.zmir.de/material-angebote>.

Ebert, Christhard, Die Vision für die Region. ZMiR:werkzeug, Dortmund 2013. Download unter <www.zmir.de>.

Gert Pickel

Kirche im Umbruch?

Gesellschaftliche Herausforderungen an die Evangelische Kirche

1. Einleitung – Gesellschaftlicher Wandel und kirchlicher Traditionsabbruch

Wie viele andere Institutionen muss die evangelische Kirche konstatieren, dass sich die Zeiten ändern und die Gesellschaft um sie herum sich wandelt. Diese gesellschaftlichen Veränderungen gehen auch an der evangelischen Kirche nicht spurlos vorüber. Genau genommen, wirken sie sich so stark auf Kirche aus, wie dies möglicherweise seit Jahrhunderten nicht der Fall gewesen war. So muss sich die evangelische Kirche in Deutschland seit den späten 1960er Jahren mit einem massiven *Mitgliederverlust* abfinden.[1] Dies unterscheidet sie in der Tendenz zwar weder von der katholischen Kirche in Deutschland noch von vielen anderen christlichen Kirchen in Westeuropa, gleichwohl impliziert dieser Mitgliederverlust Konsequenzen. Zum einen übt der Mitgliederverlust Druck auf die Strukturen der Institution Kirche (mit der Anforderung von Anpassung und Reform) aus, zum anderen befördert er das Nachdenken über das Verständnis, wie Kir-

1 GERT PICKEL, Die Situation der Religion in Deutschland – Rückkehr des Religiösen oder voranschreitende Säkularisierung, in: PICKEL, GERT/HIDALGO, OLIVER (Hrsg.), Religion und Politik im vereinigten Deutschland. Was bleibt von der Rückkehr des Religiösen?, Wiesbaden 2013, 65–102; DETLEF POLLACK, Säkularisierung – ein moderner Mythos? Studien zum religiösen Wandel in Deutschland, München 2003.

che sich in der Gegenwart präsentieren und was sie als primäre Aufgaben angehen sollte. Die Frage ist also die nach einem Umbruch in und für die Kirche.

Dabei kann man einen *Umbruch* von zwei Seiten angehen. Zum einen kann er aus der Theologie heraus begründet werden, zum anderen kann er aber auch aus der Nachfrage begründet werden, also dem, was die Gläubigen von Kirche und ihren Angeboten heute wollen. Diese Nachfrageorientierung wird gerade in den angelsächsischen Ansätzen des religiösen Marktmodells thematisiert.[2] Sie sehen bei einem Eingehen auf diese Nachfragen erhebliche Vitalisierungspotenziale. Selbst wenn man theologisch begründet in Distanz zu einer reinen *Nachfrageorientierung* geht, ist es unter den Bedingungen moderner Bürgergesellschaften kaum mehr sinnvoll – oder besser kaum mehr erfolgsversprechend –, deren Interesse zu ignorieren. Letztendlich ist Kirche ja eine Gemeinschaft unter Einbezug der Gläubigen. Somit sind ihre Interessen auch nicht unbedeutend. Zudem bedeutet der Wandel in kirchlichen Strukturen und Umgangsformen ja nicht zwangsläufig die Aufgabe von zentralen Glaubensgewissheiten. Inhalt und Form der Vermittlung der christlichen Botschaft lassen sich sehr wohl voneinander trennen.

Um einen erfolgreichen Umbruch zu gestalten, ist es nun aber notwendig, die *richtige Richtung eines gezielt herbeigeführten Umbruchs* zu identifizieren, der auf kaum beeinflussbare gesellschaftliche Umbruchprozesse reagieren kann. Hierzu ist eine belastbare Analyse dessen, was sich gerade wandelt und wie es mit Religion und evangelischem Christentum in Verbindung steht, zwingend. So wurden

---

2 Rodney Stark/William Sims Bainbridge, A Theory of Religion, New Brunswick 1987; Laurence R. Iannaccone, Introduction to the Economics of Religion, in: Journal of Economic Literature 36, 1998, 1465–1496.

schon oft kirchliche Reformprozesse angegangen, ohne eine tiefere Analyse der Gegenwartsbedingungen vollzogen zu haben. Entsprechend waren sie von wechselhaftem Erfolg geprägt. Will man Reformbemühungen und einen Umbruch in eine zukunftsträchtige Richtung erreichen, dann ist eine religionssoziologische Analyse der Gegenwartsentwicklung unabdingbar. Schritte in diese Richtung will ich, mit allen Einschränkungen der Begrenztheit eines solchen Aufsatzes, auf den nächsten Seiten vornehmen. Dabei werde ich mich bei der empirischen Absicherung der Aussagen auf die aktuellen Daten der V. Kirchenmitgliedschaftsuntersuchung der EKD beziehen.[3]

2. Erklärungs- und Deutungsmodelle der Religionssoziologie

Bevor man die empirische Gegenwartssituation angeht, ist es aus sozialwissenschaftlicher Sicht angebracht, einen theoretischen Rahmen zu bestimmen. Dieser ermöglicht dann eine Interpretation, die nicht auf Ad-hoc-Aussagen beruht und in die Zukunft hinein verlängerbar ist. Theorien bieten, kann man sie in ihrer systematischen Gültigkeit bestätigen, die Chance einer Grundlage für zukünftige Entscheidungen. In der *Religionssoziologie* haben sich in den letzten Jahrzehnten drei *Modelle* zur Analyse der religiösen Entwicklungen etabliert: die Säkularisierungstheorie, die Individualisierungsthese des Religiösen und das Marktmodell des Religiösen.[4] Sie gehen von unterschiedlichen Prämissen

---

3 Heinrich Bedford-Strohm/Volker Jung (Hrsg.), Vernetzte Vielfalt. Kirche angesichts von Individualisierung und Säkularisierung, Gütersloh 2015, KMU V.

4 Abb. 1, S. 79.

des Verhältnisses von moderner Gesellschaft und Religion aus und liefern darauf aufbauend Hinweise auf potenzielle *Zukunftsszenarien* der Entwicklung. Gelingt es einem, eine relationale Wertigkeit in die Gültigkeit der Ansätze zu bekommen, so würde dies die Chance eröffnen, Einflussfaktoren für zukünftiges kirchliches Handeln zu identifizieren. Dies umfasst dann aber eben auch Informationen darüber, wo ein falsches Handeln möglich ist.

Da ist zuerst die *Säkularisierungstheorie* zu nennen. Sie geht davon aus, dass es eine grundlegende Spannung zwischen den vielfältigen Prozessen der Modernisierung und Religion gibt. Vor allem sind es Differenzen in Weltanschauungen und Werten, die als Folge von Prozessen der Rationalisierung, funktionalen Differenzierung, Mobilitätssteigerung und aufgrund von Wohlfahrtsgewinnen entstehen, die zu diesen Gegensätzen führen.[5] Die so entstehende Spannung wirkt sich für die soziale Bedeutung von Religion langfristig ungünstig aus. Als Folge gehen die Anhänger der Säkularisierungstheorie von einem *sozialen Bedeutungsverlust von Religion in sich modernisierenden Gesellschaften* aus.[6] Sozialer Bedeutungsverlust beschreibt dabei keineswegs gleich ein Verschwinden des Religiösen aus der Welt, vielmehr beschränkt sich die Aussage erst einmal auf einen Verlustprozess der Bedeutung von Religion für die Konstitution und Ordnung moderner Gesellschaften. Allerdings

5 Gert Pickel, Religionssoziologie, Eine Einführung in die zentralen Themenbereiche, Wiesbaden 2011.

6 Steve Bruce, God is Dead. Secularization in the West, Oxford 2002; Gert Pickel, Säkularisierung, Individualisierung oder Marktmodell? Religiosität und ihre Erklärungsfaktoren im europäischen Vergleich. Kölner Zeitschrift für Soziologie und Sozialpsychologie 62, 2010, 219–245; Pollack, Säkularisierung, 2003; Detlef Pollack, Rückkehr des Religiösen? Studien zum religiösen Wandel in Deutschland und Europa 2, München 2009.

ist es sehr plausibel, dass ein sozialer Bedeutungsverlust für die Religiosität der Menschen Folgen zeitigt. Sei es eine einfachere Abwendung vom Glauben, eine Diffusion des Glaubens oder einfach eine steigende Nachrangigkeit religiöser Entscheidungsbegründung und religiösen Handelns gegenüber anderen Motiven. Gründe sind fehlende Rückgriffmöglichkeiten auf religiöses Wissen und religiöse Vergemeinschaftung sowie ein Abbruch der – aus Sicht der Säkularisierungstheorie als Zentrum der Bestandssicherung von Religion ermittelten – religiösen Sozialisation. Gilt diese Annahme eines grundsätzlichen Spannungsverhältnisses, dann müsste sich sowohl für Westdeutschland als auch für Ostdeutschland ein kontinuierlicher Abbruchsprozess aller Sozialformen des Religiösen finden lassen, der dann auch zukünftig unter vergleichbaren Rahmenbedingungen seinen Fortgang finden dürfte.

Die *Privatisierung- oder Individualisierungsthese*[7] stellt die Entwicklungsprognose einer kontinuierlichen Säkularisierung gerade mit Bezug auf die persönliche Religiosität in Zweifel. Ausgehend von einem quasi anthropologischen Grundbedürfnis der Menschen nach Religion, ist eher ein Formenwandel des Religiösen auf dem religiösen Feld zu erwarten. Einig ist man sich mit Säkularisierungstheoretikern, dass die Bindung an die institutionalisierten christlichen Kirchen zurückgeht und weiter zurückgehen wird. Dies wirke sich aber eben nicht zwingend auch sublimierend für subjektive Religiosität aus. Vielmehr kommt es zu einer *Privatisierung* der Religion, die eine Transformation des Religiösen hin zu sogenannten Bastel- oder Patchwork-Religiositäten umfasst. Betrachter erkennen diese neuen Formen des Religiösen manchmal gar nicht. Diese ‚Unsichtbarkeit'

7 THOMAS LUCKMANN, Die unsichtbare Religion, Frankfurt am Main 1991.

erweckt so den falschen Eindruck einer weitergehenden Säkularisierung, die aber in ihrer Interpretation überzogen sei. Entsprechend müssten sich in West- wie in Ostdeutschland sowohl verstärkt alternative Formen der Religiosität oder Synkretismus ausbreiten als auch ein Rückzug des Religiösen ins Private stattfinden. Da Individualisierung ein immanenter Bestandteil von Modernisierungsprozessen ist, dürfte dies mittelfristig mit weiteren Verlusten der Großkirchen und einer immer stärkeren Differenzierung individualisierter Religiosität verbunden sein.

Die Anhänger des *Marktmodells des Religiösen*[8] legen den Schwerpunkt ihrer Erklärung religiöser Entwicklungen auf die Abhängigkeit religiöser Vitalität vom Angebot auf einem offenen religiösen Markt. Grundbedingung ist die Annahme einer konstanten Nachfrage nach religiösen Angeboten in der Bevölkerung. Das auf Überlegungen der Rational-Choice-Theorie basierende Marktmodell weist der Variation der Angebote durch die religiösen Anbieter die zentrale Bedeutung für religiöse Vitalität zu.[9] Ist das Angebot besonders vielfältig, dann werden die Interessen der Gläubigen und nach religiösen Angeboten suchenden Menschen am besten bedient – was insgesamt eine hohe religiöse Vitalität in einem Gebiet zur Folge hat. Die Variation ist notwendig, da in modernen Gesellschaften die plurale Nachfrage hinsichtlich exklusiver Angebote stetig ansteigt. Die Variation der Nachfrage fordert eine steigende Pluralität an religiösen Anbietern. Für den Ausgleich zwischen Nachfrage und

---

8 Roger Finke/Rodney Stark, The Churching of America 1576–2005, Winners and Losers in our Religious Economy, New Brunswick 2006; Iannaccone, Economics, 1998; Rodney Stark, Secularization, R.I.P., Sociology of Religion 60, 1999, 249–273.

9 Stark/Bainbridge, Theory, 1987.

	Säkularisierungstheorie	**Individualisierungsthese**	**Marktmodell**
Vertreter	Bryan Wilson; Steve Bruce; Detlef Pollack; Gert Pickel	Thomas Luckmann; Grace Davie; Hubert Knoblauch	Rodney Starke; Roger Finke; Laurence Iannaccone
Grundannahme	Spannungsverhältnis zwischen Moderne und Religion	Individuelle religiöse Grundorientierung als anthropologische Konstante	Konstantes Bedürfnis des Individuums nach Religion
Bezugstheorie	Modernisierungstheorie	Individualisierungstheorie	Angebotsorientierte Markttheorie
Haupthypothese	Kontinuierlicher Bedeutungsverlust von Religion als sinnstiftender und sozialer Instanz	Bedeutungsverlust institutionalisierter Religion; Weiterbestehen privater Formen von Religion	Religiöser Markt bestimmt Ausmaß an Religiosität und Kirchlichkeit
Prognose für Westdeutschland und Westeuropa	Weiterer kontinuierlicher Abwärtstrend aller religiösen Formen und Kirchlichkeit	Weiterbestehen privater Religiosität bei Rückgang der Kirchlichkeit	Entwicklung der Religiosität in Abhängigkeit von religiösem Angebot in der Gesellschaft
Prognose für Ostdeutschland	Abwärtstrend aller Formen des Religiösen (ggf. nach temporalen Revitalisierungen)	Ausdehnung privater Religiosität bei weiterem Rückgang der Zuwendung zu Kirchen	Revitalisierung von Religion nach Wegfall der Repression durch (Wieder-)Herstellung des religiösen Marktes

Abb. 1: Theoretische Erklärungsansätze der Religionssoziologie
Quelle: Eigene Zusammenstellung.

Angebot am besten geeignet ist Konkurrenz. Für diese erweist es sich als problematisch, wenn dieser freie ‚religiöse Markt' seitens des Staates eingeschränkt wird. Dies geschieht durch traditionell gewachsene Bevorzugungen einzelner Religionen, eine enge Verquickung von Staat und Kirche sowie in rigidester Form durch eine Staatsreligion. Im deutschen Fall, speziell im ostdeutschen Fall, können Zweifel an der Tragfähigkeit des Marktmodells des Religiösen gehegt werden. So ist es nach dem Umbruch 1989 eben nicht zu einer Besetzung des eigentlich freien Marktes durch unterschiedliche religiöse Gruppen gekommen. Gleichwohl sind Marktelemente bei der Betrachtung eines Umbruchs in der Kirche nicht ganz aus den Augen zu lassen.

Fasst man die gesellschaftliche Entwicklung zusammen, so muss man in Deutschland (wie auch zumindest im weiteren Westeuropa) von einem erheblichen gesellschaftlichen Wandel ausgehen, der auch auf dem religiösen Sektor seine Auswirkung besitzt. So ist die Situation in Deutschland geprägt von den *drei gleichzeitig ablaufenden Prozessen*: der Säkularisierung, der Individualisierung und der religiösen Pluralisierung. Bei dem zuletzt genannten Prozess tritt dabei mittlerweile das durch Migration forcierte Nebeneinander von unterschiedlichen Religionen immer stärker gegenüber einer religiösen Pluralisierung innerhalb der Religionen, zum Beispiel durch unterschiedliche religiöse Sozialmilieus, in den Vordergrund.

3. Indizien des Traditionsabbruchs in der evangelischen Kirche – Ergebnisse aus der V. Kirchenmitgliedschaftsuntersuchung der EKD

Wie sieht die Auswirkung der gesellschaftlichen Prozesse auf die Kirchen nun in Zahlen aus? Die zentralen Bezugszahlen zu den Abbruchsprozessen lassen sich leicht aus der amtlichen Statistik ablesen. So wird die Zahl der evangelischen – wie auch der katholischen – Christen von Jahr zu Jahr kleiner. Dies betrifft die absolute Zahl als auch die relativen Zahlen mit Bezug auf die deutsche Bevölkerung. Man kann seit den späten 1960er Jahren wohl mit Recht von einem Erosionsprozess in der Kirchenmitgliedschaft sprechen. Hierfür werden verschiedene Gründe angeführt. Einer ist der massive *demographische Wandel*. So hat sich aufgrund der seit Jahrzehnten zurückgehenden Geburtenentwicklung die Altersstruktur der deutschen Gesellschaft verändert. Immer mehr ältere Menschen stehen immer weniger jüngeren Menschen gegenüber. Wichtiger aber noch ist, dass der Zahl der Geburten eine wesentlich höhere Zahl an Todesfällen gegenübersteht. In der Konsequenz bedeutet diese Entwicklung eine schrumpfende Gesellschaft, die allein durch Zuwanderung ihren Bestandserhalt gewährleisten kann. Diese Entwicklung wirkt sich auch auf die Kirchenmitglieder aus, wird doch der ‚Pool', aus dem die Kirchenmitglieder kommen können, immer kleiner. Da die meisten Zuwanderer der letzten Jahrzehnte weder evangelisch noch katholisch waren, kommt es zu keinen durch Migration bedingten Ausgleichsprozessen. Fazit: Eine schrumpfende Gesellschaft bringt schrumpfende Großkirchen mit sich.

Diese Grundentwicklung wird noch durch andere Prozesse verstärkt. So finden sich seit Jahren sinkende Taufzahlen.

Diese hängen neben der demographischen Entwicklung mit einem aus den Ergebnissen der KMU V gut beobachtbaren Ergebnis zusammen – einer *Taufquote* von knapp unter 90 Prozent. Nur etwas mehr als jedes zehnte Mitglied der evangelischen Kirche gibt an, sein Kind nicht taufen lassen zu wollen. Nimmt man diese Aussage ernst (was sicher bei einer Umfrage unter evangelischen Christen aufgrund sozialer Erwünschtheit zumindest diskutabel ist), dann bedeutet dies aber eben auch, dass ein kontinuierliches Schrumpfen stattfindet. Es sind eben keine 100 Prozent, wie sie zu einem Erhalt des Bestandes notwendig wären. Vor allem da mit maximal drei bis vier Prozent der Konfessionslosen, die überlegen, ihre Kinder taufen zu lassen, kein Ausgleich dieser Verluste erfolgt. So war die Idee eine Steigerung der Taufquoten für sich erst einmal kein falscher Gedanke, der im Positionspapier der EKD ‚Kirche der Freiheit' 2006 formuliert wurde. Doch wie so häufig ist die Umsetzung von Zielen schwieriger als die Formulierung der Ziele.

Der dritte Prozess, der zur Erosion des Mitgliederbestandes der evangelischen Kirche (aber auch der katholischen Kirche) beiträgt, sind *Austritte*. Seit den 1970er Jahren mussten beide christlichen Großkirchen in Deutschland kontinuierlich stärkere Austrittszahlen hinnehmen, als sie Eintritte oder Wiedereintritte aufweisen konnten. Seit der Wiedervereinigung verlieren sowohl die evangelische als auch die katholische Kirche im Schnitt pro Jahr ca. 150.000 Mitglieder. Das Verhältnis zwischen Eintritten und Austritten ist für die evangelische Kirche etwas besser als 1:3, während es für die katholische Kirche bei 1:12 liegt. Besteht also bei den evangelischen Christen noch eine nicht ganz unberechtigte Hoffnung auf einen späteren Wiedereintritt, zum Beispiel nach der Familiengründung und Geburt eines Kindes, stellt der Austritt für katholische Christen so etwas wie einen endgül-

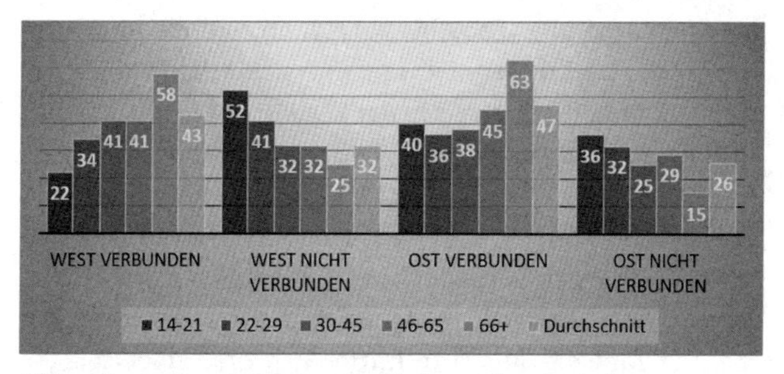

Abb. 2: Generationale Erosion der Kirchenverbundenheit
Quelle: KMU V; Fühle mich der Evangelischen Kirche verbunden = „stark und ziemlich verbunden"; nicht verbunden = „kaum und überhaupt nicht verbunden"; Angaben in Prozent.

tigen Schlusspunkt dar. Doch wenn von Traditionsabbruch gesprochen wird, dann bleibt diese Aussage nicht auf diese statistischen Zahlen beschränkt. Zudem sind sinkende Mitgliedszahlen ja nur der Ausdruck von tiefer liegenden Prozessen innerhalb der Mitgliedschaft. Letztendlich muss ja innerhalb der Mitglieder über längere Zeit eine Distanzierung zu ihrer Mitgliedschaft stattfinden, sonst würde es vermutlich nicht zu den Austritten kommen. Um dieser Aussage näherzukommen, lohnt sich ein Blick auf die Verbundenheit zur evangelischen Kirche in der aktuellen KMU V.[10] Diese ist relativ breit gestreut. Es gibt sowohl Kirchenmitglieder, die sich ihrer Kirche stark verbunden fühlen, wie auch Kirchenmitglieder, die sich ihr gar nicht verbunden fühlen. Bei Letzteren stellt sich sicher die Frage, warum sie überhaupt noch Kirchenmitglieder sind.

Interessanter als diese Feststellung ist aber der Blick auf die Entwicklung. Vergleicht man die Ergebnisse der KMUs

10 Abb. 2.

zwischen 1992 über 2002 bis 2012, dann sind die Bewegungen in der Verbundenheit von übersichtlicher Variationsbreite. Es finden sich sogar in der KMU V 2012 gegenüber der KMU IV 2002 etwas höhere Verbundenheitswerte. Dieses Ergebnis ist jedoch mit Vorsicht zu interpretieren. So muss man berücksichtigen, dass sich ja die *Referenzgröße* der drei Studien erheblich verändert hat. So waren 1992 noch wesentlich mehr Deutsche Mitglied in der evangelischen Kirche. Die Zahl der Austritte dürfte sich grob überschlagen seit diesem Zeitpunkt auf knappe drei Millionen summieren. Zudem ist auch der Anteil der nicht oder kaum Verbundenen unter den evangelischen Kirchenmitgliedern von 36 Prozent 2002 auf 44 Prozent 2012 angestiegen. Man könnte innerhalb der Mitglieder der evangelischen Kirche von einer gewissen *Polarisierung* zwischen stärker Verbundenen und schwach Verbundenen sprechen, die in den letzten Jahren Raum gegriffen hat.

Dass Effekte innerhalb der Kirchenmitglieder immer auch mit Bezug auf die Einbettung dieser Gruppe in die Gesamtgesellschaft zu interpretieren sind, zeigt *Ostdeutschland*. Dort fallen die Verbundenheitswerte unter den Mitglieder sogar höher als in Westdeutschland aus. Dieses zuerst überraschend aussehende Ergebnis ist auf einen *Kondensierungseffekt* in der Mitgliedschaft zurückzuführen.[11] Die heutigen ostdeutschen Mitglieder besitzen schon im Jugendalter eine dichtere Sozialisationseinbettung, also in den Sozialmilieus und Sozialgruppen, wo sie leben, hat das ‚Christsein' oder ‚Evangelischsein' eine größere Bedeutung. Für einige Familien war es ja auch eine zentrale Aussage während des reli-

11 Gert Pickel/Tabea Spieß, Religiöse Indifferenz – Konfessionslosigkeit als Religionslosigkeit?, in: Heinrich Bedford-Strohm/Volker Jung (Hrsg.), Vernetzte Vielfalt. Kirche angesichts von Individualisierung und Säkularisierung. Gütersloh 2015, 248–266.

gionsfeindlichen Sozialismus, Mitglied in der evangelischen Kirche zu bleiben. Dies trägt teilweise bis heute. Kondensierung bedeutet auch, dass sich in den neuen Bundesländern die Kirchenmitglieder durch die *forcierte Säkularisierung*[12] bereits stärker auf eine Art ‚Stammbelegschaft' abgeschmolzen haben. Die Folge dieser zeitlich vorgelagerten Entwicklung in Ostdeutschland ist damit keinesfalls als ein Hinweis auf eine religiöse Revitalisierung zu interpretieren, sondern vielmehr als möglicher Vorbote einer in Westdeutschland noch anstehenden Entwicklung.

Denn auf diese deutet auch die *‚Stufenfunktion'* generationaler Verbundenheit hin.[13] Je jünger die Alterskohorte, desto geringer ist die Verbundenheit zur evangelischen Kirche. Es ist angesichts der bisherigen Mitgliederentwicklung ausgesprochen unwahrscheinlich, dass diese Verteilung die Abbildung eines lebenszyklischen Prozesses religiöser Entwicklung ist. Sicher, junge Mitglieder können über die Zeit hinweg Verbundenheit zu ihrer Kirche aufbauen, doch wahrscheinlicher ist es, dass ein durch die Sozialisation unter unterschiedlichen Rahmenbedingungen geprägtes Verhältnis zu Kirche und Glauben entscheidend für die Differenzen ist. Diese Generationenunterschiede oder Kohorteneffekte sind eine zentrale Argumentationslinie der Säkularisierungstheorie.[14] Und selbst wenn wir eine Wirkung von Lebenszykluseffekten annehmen, so ist es weitaus wahrscheinlicher, dass sie Ergebnis einer ‚Gewöhnung'

---

12 MONIKA WOHLRAB-SAHR/UTA KARSTEIN/THOMAS SCHMIDT-LUX, Forcierte Säkularität, Religiöser Wandel und Generationendynamik im Osten Deutschlands, Frankfurt am Main 2009.

13 PICKEL, Indifferenz, 2015.

14 BRUCE, God, 2002; PIPPA NORRIS/RONALD INGLEHART, Sacred and Secular. Religion and Politics Worldwide, New York 2004; PICKEL, Situation, 2013; POLLACK, Säkularisierung, 2003.

an die Kirche sind als Resultat von entwicklungspsychologischen Lernprozessen der Religiosität.[15] Jede neu heranwachsende Generation scheint mehr an jungen Menschen zu enthalten, welche der evangelischen Kirche distanziert bis wenig verbunden gegenüberstehen.

Nun waren bereits in den vier Vorgängerstudien der KMU V (seit 1972) die Jugendlichen und jungen Erwachsenen die Alterskohorte mit der geringsten Verbundenheit gegenüber der evangelischen Kirche. Diese ‚Konstanz' in den Generationenverhältnissen ist aber kein Grund zur Entwarnung, wofür sie von manchem Gegner der Säkularisierungsinterpretation gerne einmal genommen wird. Eine solche Deutung verkennt die einer solchen Verteilung innewohnende Dramatik eines kontinuierlichen *‚Aderlasses'* an Kirchenmitgliedern. So sind es vor allem die heute wenig oder gar nicht mit der Kirche verbundenen Mitglieder, welche in naher Zukunft vermehrt austreten. Darauf deuten statistische Beziehungen zwischen der Kirchenverbundenheit und einem geäußerten Austrittswunsch von Pearsons $r=53$ hin. Die Überschneidung zwischen einer geringen Kirchenverbundenheit und dem recht deutlich geäußerten Austrittswunsch ist massiv.

Dies bedeutet, dass die dauerhaften Abgänge aus der Kirche nicht einfach nach einer bestimmten Zeitperiode zum Abschluss kommen. Immer wieder wachsen in neuen Kohorten Jugendlicher größere Gruppen nach, die sich der Kirche nicht oder nur wenig verbunden fühlen – und von denen viele diese dann irgendwann verlassen. Diesen Eindruck bestätigt die generationale Verteilung der Haltung zum Kirchenaustritt: Nahezu ein Fünftel aller bis zu 21-jährigen

---

15 Christobel Fowler, Spielend gelernt! Twenty colloquial scenes providing practice in the use of prefixes, London 1972.

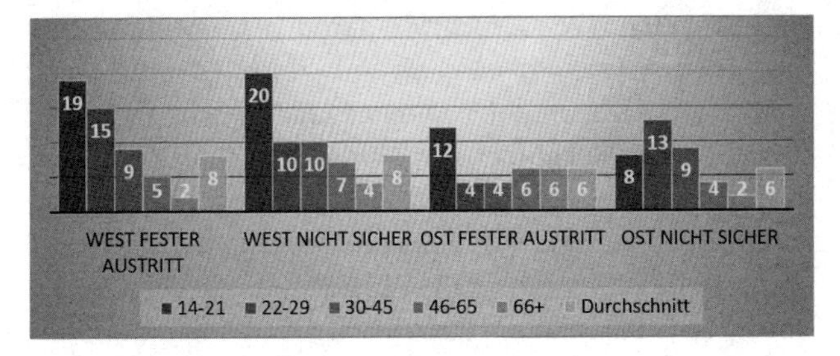

Abb. 3: Haltung zum Kirchenaustritt
Quelle: KMU V; Kirchenaustritt. Fester Austritt = „Ich werde ganz bestimmt so bald wie möglich austreten" + „Eigentlich bin ich fast schon entschlossen, es ist nur noch eine Frage der Zeit"; nicht sicher = „Ich habe öfter daran gedacht, aus der Kirche auszutreten – ich bin mir aber noch nicht ganz sicher"; Angaben in Prozent.

Kirchenmitglieder in Westdeutschland (12 Prozent in Ostdeutschland) ist sich relativ sicher, diesen Schritt in naher Zukunft zu vollziehen, ein weiteres Fünftel (8 Prozent Ostdeutschland) denkt zumindest darüber nach.[16] Dies macht immerhin 40 Prozent der Mitglieder dieser Altersgruppe aus. Der Austrittswunsch sinkt mit steigender Alterskohorte. Dies hängt einerseits damit zusammen, dass nun viele junge Menschen (die es vorher vorhatten) die Kirche nun verlassen haben, andererseits haben sich dann doch einige Mitglieder an die Kirche gewöhnt und dort auch ein paar positive Seiten entdeckt und Erfahrungen gemacht. Nichtsdestotrotz ist auch 2012 in der evangelischen Kirche eine *‚Stabilität im Abbruch'* hinsichtlich der Kirchenmitgliedschaft festzustellen.[17] Berücksichtigt man, dass gleichzeitig kaum ein Konfessions-

16 Abb. 3.

17 PICKEL, Indifferenz, 2015.

loser über einen (Wieder-)Eintritt nachdenkt, ist ein weiteres Abschmelzen der Mitgliedschaft einfach vorherzusagen.

Nun könnte man sagen: Mitgliedschaft beschreibt ja nur eine Zugehörigkeitsdimension. Man kann erstens doch auch religiös außerhalb der Kirche sein und individuelle religiöse Praktiken ausführen. Zumindest Letzteres findet bei Nichtmitgliedern kaum statt. Selbst bei den Mitgliedern ist die Gottesdienstbeteiligung über die Generationen stark abnehmend.[18] Dies korrespondiert wiederum mit den langfristigen Entwicklungen, welche uns die Kirchenstatistiken anzeigen – einen Rückgang der Besuchszahlen der Sonntagsgottesdienste. Ein Drittel der jüngsten Alterskohorte gibt an, nie den Sonntagsgottesdienst zu besuchen. Dies schließt nun nicht aus, dass man zu Weihnachten und vielleicht noch zu anderen Sondergottesdiensten (Taufe, Kommunion eines Angehörigen, Trauung) das Kirchengebäude betritt, es dokumentiert aber erneut so etwas wie einen längerfristig ablaufenden Säkularisierungsprozess. Die sinkende Relevanz des Gottesdienstbesuches in der Bevölkerung ist als so etwas wie ein sozialer Bedeutungsverlust zu interpretieren.

Doch nicht nur der auf ein kollektives Zusammensein zielende Gottesdienstbesuch, sondern auch andere religiöse Praktiken erodieren über die Generationen. Fragt man danach, ob Kirchenmitglieder in den letzten zwölf Monaten gebetet haben oder einmal eine Kerze anzündeten, dann zeigt sich fast genauso die uns schon bekannte Stufenfunktion.[19] Kann man das sehr niederschwellige Anzünden einer Kerze noch als einen nicht ganz zentralen Punkt für die evangelische Kirche ausmachen, so ist dies mit dem persönlichen Gebet anders. Der individuelle Kontakt zu Gott müsste

---

18 Abb. 4.

19 Abb. 5.

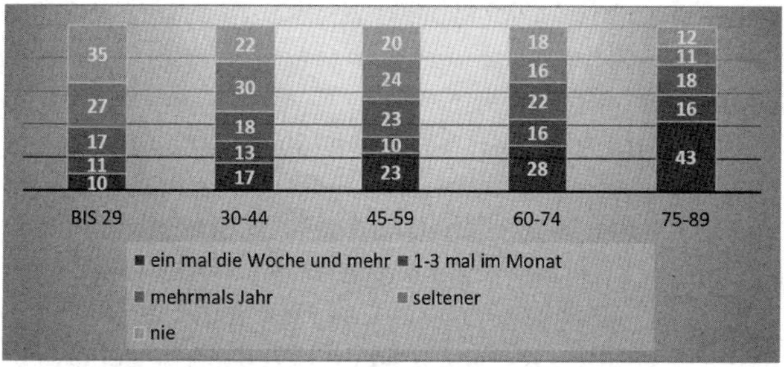

	BIS 29	30-44	45-59	60-74	75-89
ein mal die Woche und mehr	10	17	23	28	43
1-3 mal im Monat	11	13	10	16	16
mehrmals Jahr	17	18	23	22	18
seltener	27	30	24	16	11
nie	35	22	20	18	12

Abb. 4: Gottesdienstbesuch nach Alter
Quelle: KMU V; Besuch des Sonntagsgottesdienstes nach Generationen/Altersgruppen: Mitglieder; Angaben in Prozent.

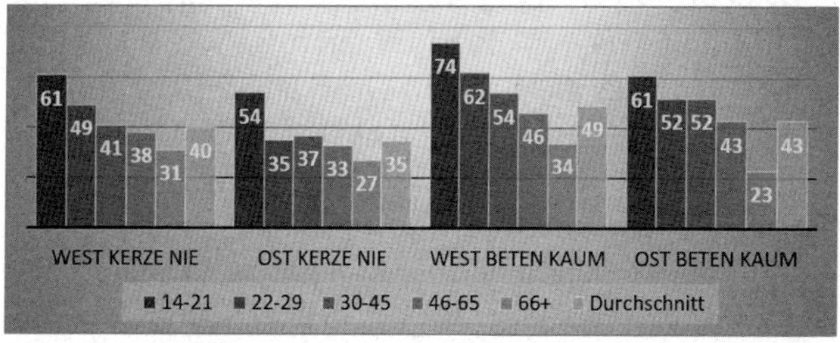

Abb. 5: Persönliche Praktiken: Kaum persönliche Gebete und Kerzen
Quelle: KMU V; Beten kaum = „Bete seltener als einmal im Jahr" und „Nie"; Kerze anzünden Nie = „Nie" (Gegenpol: Häufig, gelegentlich, selten) nur Kirchenmitglieder; Angaben in Prozent.

eigentlich für jeden Protestanten, der das protestantische Verständnis der Gottesunmittelbarkeit teilt, eine Pflicht sein. Dies sehen aber immer weniger Kirchenmitglieder so. Unter den jüngsten Kirchenmitgliedern der KMU V, immerhin noch nicht zu weit von der Konfirmation entfernt, ist es gerade einmal jeder Vierte, der zumindest gelegentlich ein

Gebet ausführt. Sowohl kollektive als auch private religiöse Praktiken scheinen also auch vom *generationalen Traditionsabbruch* betroffen zu sein.

Und warum ist dies so? Abbildung 6 gibt uns hierfür eine ernüchternde Antwort, zumindest wenn man aus Sicht eines liberalen Theologen darauf sieht. Es scheint eben kein alleine auf eine Distanz zur Kirche konzentrierter Prozess der Mitgliedschaftserosion zu sein, den wir unter den Mitgliedern beobachten können, sondern in Teilen ein viel grundsätzlicherer Einbruch in der Religiosität. So sinkt die Eigeneinschätzung als religiös von über 80 Prozent unter den über 66-Jährigen auf unter die Hälfte in der jüngsten Alterskohorte der 14- bis 21-Jährigen. Selbst wenn wir hier positiv gestimmt noch lebenszyklische Lernprozesse von Religiosität annehmen, ist es mehr als unwahrscheinlich, dass bei gleicher Bezugsgruppengröße (also ohne dass eine Anpassung alleine durch Austritte herbeigeführt wird) die hohen Werte der älteren Generation auch nur annähernd erreicht.

Der Traditionsabbruch in der evangelischen Kirche ist also eng verbunden mit einem Verlust an religiösem Selbstempfinden. Dies harmoniert gut mit Überlegungen des amerikanischen Religionspsychologen Charles Glock (1973), der Religiosität in verschiedene Dimensionen aufteilte, die aber untereinander in Beziehung stehen. Er nannte die Dimensionen der religiösen Ideologie (des Glaubens), des religiösen Wissens, der religiösen Praktiken, der religiösen Erfahrung und der religiösen Konsequenzen. Wird das eine weniger wichtig, so hat dies auch Auswirkungen auf andere Dimensionen der Religiosität. Nicht geklärt ist allerdings, welche der Dimensionen der anderen zeitlich vorangeht. Folgt man theologischen Überlegungen, dann müsste die numinos vermittelte Dimension des Glaubens, welche übrigens auch das Zentrum des angesprochenen Modells ausmacht, auf die

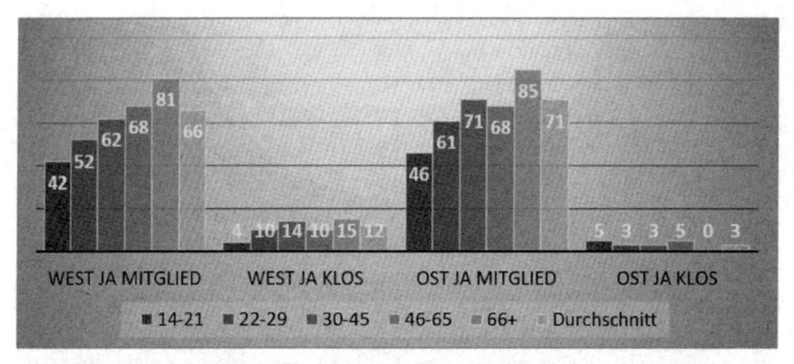

Abb. 6: Generationale Differenzen in der subjektiven Religiosität Quelle: KMU V; „Halte mich für einen religiösen Menschen"; ausgewiesen sind zustimmende Werte (stark und eher zustimmend auf einer 4-Punkte-Skala); Angaben in Prozent.

anderen einwirken. Religiöse Praxis, Zugehörigkeit und Wissen wären quasi eine Folge des Glaubens. Soziologen sehen aber auch umgekehrte Effekte als nicht auszuschließen an. An was soll man glauben, wenn man kein Wissen darüber hat, und wie kann man den Glauben ohne wechselseitige Bestätigung in gemeinsamen Ritualen und in Gemeinschaft bestätigen, verfestigen, erlernen und erhalten?

4. Gründe für den Traditionsabbruch

Doch was sind die Gründe für diesen so kontinuierlichen Traditionsabbruch? Nach Angaben der Ausgetretenen doch die Kirche. Sie wird als unglaubwürdig angesehen und ist den Befragten überwiegend gleichgültig. Doch diese Aussage ist nur ein Teil der Wahrheit. Sucht man nach einer latenten Erklärungsstruktur hinter den Einzelaussagen in Abbildung 7, so formiert sich ein Komplex, den man gut als religiöse Indif-

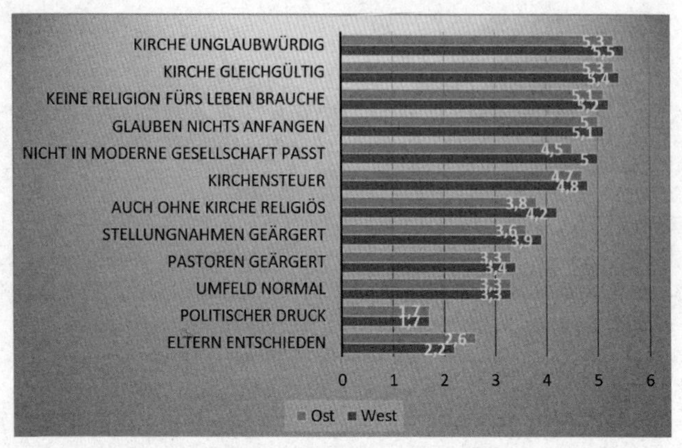

Abb. 7: Gründe der Konfessionslosigkeit – Begründungen des Austritts Quelle: KMU V; Mittelwerte auf einer Skala von 1 (ablehnend) bis 7 (zustimmend); Bezugsgröße: Konfessionslose, die aus der Evangelischen Kirche ausgetreten sind.

ferenz oder aber Religionsferne bezeichnen kann. Die ablehnenden Aussagen zur Kirche fallen fast immer mit Aussagen zusammen, die eine Gleichgültigkeit und ein Desinteresse auch dem Glauben und der Religion gegenüber im Allgemeinen widerspiegeln. Religion besitzt für das Gros der Ausgetretenen eine *nachgeordnete Wichtigkeit* für das eigene Leben, oder besser gesagt keine Bedeutung. Sie wird einfach auch nicht mehr gebraucht. In diese Richtung deuten die Ergebnisse in Kombination mit der Klassifikation der Kirche als nicht mehr ‚in die moderne Gesellschaft passend'. Letzteres ist nun aber vielleicht die zentrale Prämisse der Säkularisierungstheorie.

Konkrete Stellungnahmen und das kirchliche Personal werden zwar auch als Grund für den Austritt genannt, nur wesentlich seltener. Etwas häufiger noch wird die Kirchen-

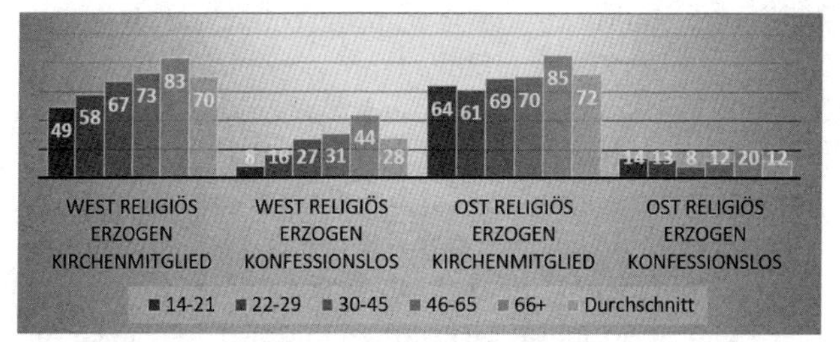

Abb. 8: Selbstauskunft religiöse Sozialisation
Quelle: Eigene Berechnungen KMU V; „Wurde religiös erzogen"; ausgewiesen sind zustimmende Werte (stark und eher zustimmend auf einer 4-Punkte-Skala); Angaben in Prozent.

steuer als Grund angeführt. Doch in beiden Fällen handelt es sich entweder um in ein generell schlechtes Kirchenbild passende Aussagen oder aber um konkrete Begründungen, welche kognitive Dissonanz abbauen. So ist es ja letztendlich einfacher, konkret Gründe zu nennen als zu erklären, dass man lange Zeit noch Mitglied geblieben ist, ohne eigentlich religiös zu sein. Doch auch diese Zeit geht wohl dem Ende entgegen. Heute scheint es kaum mehr problematisch oder vor dem Umfeld rechtfertigungsbedürftig zu sagen, dass man nicht religiös ist und dies für einen im Lebensalltag keine Bedeutung besitzt.

Der Ausbreitung einer entsprechenden Deutung der Umwelt zuträglich sind zwei Prozesse. Der erste liegt in der langsamen, aber doch stetigen Erosion der religiösen Sozialisation begründet. Dieses zentrale Scharnier des Erhalts von Religiosität und auch Kirchenbindung scheint über die Generationen hinweg im Niedergang begriffen. Vielleicht ist Niedergang etwas hart formuliert. Aber es sind doch die bekannten Abbruchprozesse zu beobachten.[20] Je jünger ein westdeutsches Kirchenmitglied, umso weniger ist es wahrscheinlich, dass er eine religiöse Sozialisation angibt – und vermutlich auch erfahren hat. In Westdeutschland ist dieser generationale Abbruch selbst bei den Konfessionslosen zu sehen, waren diese doch zumeist früher noch Kirchenmitglieder. So haben dann auch die älteren unter ihnen noch eine religiöse Sozialisation erfahren und sich dann doch von der Kirche getrennt. In den jüngeren Generationen schwindet diese Form der Anschlussfähigkeit an religiöse Inhalte.

Interessant ist die langsame Nivellierung in Ostdeutschland, welche auf so etwas wie ein ‚Basisniveau' der Religiosität hinauslaufen könnte. Also würde ein Punkt erreicht, an dem der Abbruch zu enden beginnt. Doch sicher ist dies nicht. Ziemlich eindeutig trifft aber wieder die Annahme der Kondensierung zu, die bereits weiter oben angesprochen wurde. Diejenigen, welche in Ostdeutschland noch Mitglieder in der evangelischen Kirche sind, schätzen dies auch für wichtiger und vermittlungswerter ein. Es gehört in gewisser Hinsicht zu ihrer persönlichen Identität. Entsprechend harmoniert dann auch die eigene Sozialisationserfahrung mit dem Wunsch der Weitergabe der religiösen Sozialisation an die eigenen Kinder.[21] Bedenklich für die evangelische Kirche muss es da allerdings sein, wenn gerade mal noch die Hälfte der unter 29-Jährigen und immerhin ein Drittel aller befragten westdeutschen Kirchenmitglieder diese Weitergabe als bedeutsam ansieht. Dieser Sozialisationsabbruch dürfte, bei der gleichzeitigen Feststellung, dass die familiale Sozialisation den Kern religiöser Weitergabe darstellt, nicht anders zu interpretieren sein als eine drastische Problemanzeige.

---

20 Abb. 8.

21 Abb. 9.

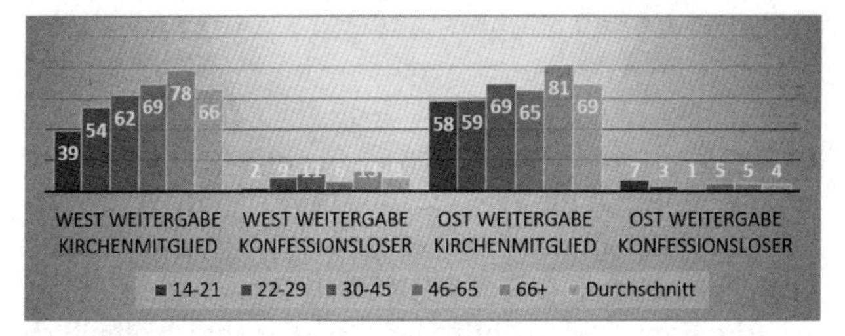

Abb. 9: Weitergabe religiöser Sozialisation
Quelle: KMU V; Weiter = „Ich denke, dass es wichtig ist, dass Kinder eine religiöse Erziehung bekommen"; ausgewiesen = stark und eher zustimmend auf einer 4-Punkte-Skala; Angaben in Prozent.

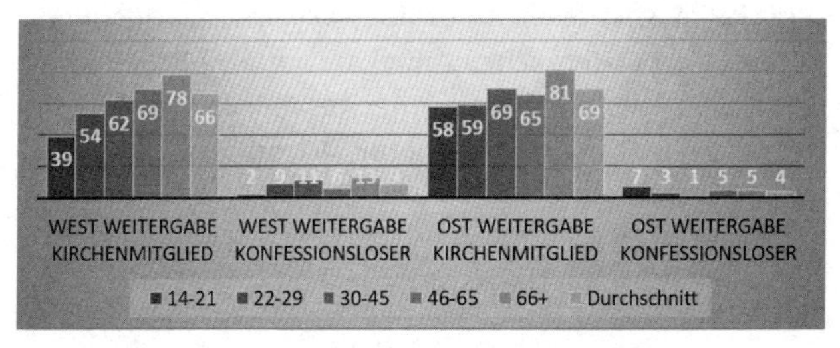

Abb. 10: Reden über religiöse Themen kommt selten vor
Quelle: KMU V; Reden = „Tausche mich häufig oder gelegentlich über religiöse Themen aus"; „Halte diesen Austausch für wichtig" = nur diejenigen, die sich austauschen; Angaben in Prozent.

Kommt es zu diesem Abbruch, dann ist ein Abbruch von persönlicher Religiosität gut möglich, von Kirchenbindung sogar sehr wahrscheinlich.

Und warum geben die Eltern Religiosität nur noch begrenzt an ihre Kinder weiter? Vor allem, weil dies aus ihrer Sicht in Konflikt mit den aktuell dominierenden Wertemustern der Selbstverwirklichung steht – und weil Religion und

Kirche in der Öffentlichkeit ein eher verschämtes Dasein führen. Von vielen Ausgetretenen wird Kirche als unmodern und wenig in die Zeit passend angesehen (ca. 70 Prozent) – dieses wird auch häufig als Austrittsgrund genannt. Entsprechend hat die Verschiebung des Religiösen ins Private einen Nachteil: Man redet nicht mehr über seine Religion und denkt, dies muss so sein. Generationenübergreifend ist es nicht einmal jeder Vierte, der sich gelegentlich öffentlich über religiöse Themen unterhält.[22] Das ist noch nicht einmal auf Aussagen zur eigenen Religiosität begrenzt! Durch diese ‚religiöse Verschwiegenheit' verstärkt sich nun aber der Eindruck, dass man im öffentlichen Raum nicht (mehr) über seine Religiosität reden darf. Diese *‚säkulare Schweigespirale'* dürfte einen wesentlichen Anteil am sozialen Bedeutungsverlust von Religion, aber auch der Ausbreitung religiöser Indifferenz oder von Areligiosität mit sich bringen.

5. Wohin führt der Umbruch?

Nachdem wir die gesellschaftlichen Rahmenbedingungen, die Entwicklungen auf dem religiösen Sektor und ihre Gründe betrachtet haben, bleibt die Frage, wohin unter diesen Umständen ein Umbruch der evangelischen Kirche gehen könnte. Wo sind eventuelle Ansatzpunkte für kirchliches Handeln, und welches kirchliche Handeln kann zukünftig mit Sicht auf die Mitgliedschaft überhaupt Erfolg versprechen? Hier ist es nun hilfreich, zu den hoffnungsvolleren Ergebnissen der KMU V überzugehen. So fällt – doch etwas überraschend – das Vertrauen der evangelischen Kirchen-

22 Abb. 10.

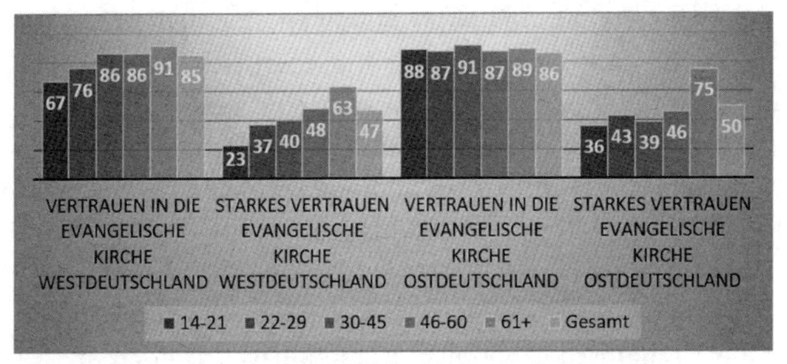

Abb. 11: Vertrauen in die evangelische Kirche nach Generationen
Quelle: KMU V; Vertrauen = „stark + ziemlich"; starkes Vertrauen extra ausgewiesen; Angaben in Prozent.

mitglieder in die Institution Kirche hoch aus.[23] Im Durchschnitt äußern über 80 Prozent ein hohes, fast die Hälfte sogar ein sehr hohes Vertrauen in die evangelische Kirche. Den Mitgliedern ist ihre Kirche doch näher, als man manchmal denkt. Oder anders gesagt: Es besteht jenseits aller Unzufriedenheit mit kirchlichen Entscheidungen eine Art *protestantischer Identität*, die mit der evangelischen Kirche als Zielobjekt verbunden zu sein scheint. Dieses Ergebnis verweist auf eine hohe Relevanz von Gemeinschaft und dem Gefühl einer Zugehörigkeit, quasi einer *‚Zugehörigkeitsidentität'*. Die eigenständige Bedeutung von Gemeinschaftsaspekten auch für religiöse Gemeinschaften zeigt der Umstand, dass eine größere Zahl von Kirchenmitgliedern Vertrauen in ihre Kirche äußert als auch sich selbst als religiös einstuft.

Da zwischen der Verbundenheit zur evangelischen Kirche und dem Vertrauen in sie starke statistische Zusammenhänge bestehen, könnte es sein, dass der Sozialform Kirche

23 Abb. 11.

auch jenseits rein religiöser Aufgaben eine Bedeutung für die Gesellschaft zugestanden wird. Lässt sich über die letzten Jahre (wie aufgezeigt) ein kontinuierlicher sozialer Bedeutungsverlust religiöser Handlungen und Wertvorgaben feststellen, so trifft dies für andere Leistungen der Kirche so nicht zu. Speziell das soziale Engagement der Kirche ist den Kirchenmitgliedern wichtig. Diese soziale Komponente wird in zweierlei Form sichtbar. Zum einen in der Konstruktion einer Gemeinschaft, der man zugehörig ist und der man sich zugehörig fühlen kann. Zum anderen in dem Wunsch, dass die Kirche *soziale Verantwortung* übernimmt. Im zweiten Fall dürften Barmherzigkeit und Nächstenliebe als zentrale Bestandteile der eigenen Religion Triebkräfte sein. Diesen Werten sollte eine christliche Kirche auch im Diesseits entsprechen. Gute Vertrauenswerte für die Diakonie sind ein Indiz für ein solches Denken. Ein anderes Indiz sind die Aufgaben, für welche die Mitglieder die evangelische Kirche verantwortlich sehen. Diese sind klar definiert: Vor allem geht es darum, Menschen in jedweder sozialen Notlage zu helfen. Dies wird sogar öfter als wichtig im Vergleich zu den traditionellen Aufgaben der Kirche, wie zum Beispiel die christliche Botschaft zu verkündigen, angesehen.[24] Bemerkenswert ist hierbei auch, dass dieser Wunsch nach sozialem Engagement der Kirche selbst unter den Konfessionslosen auf mehrheitliche Zustimmung trifft.

Wie man es nun theologisch sehen mag, die evangelische Kirche (und vermutlich auch die katholische Kirche) scheint seitens ihrer Mitglieder in maßgeblichem Umfang mit *sozialer Verantwortung* in Verbindung gebracht zu werden. Entsprechend sind manchmal formulierte Hinweise auf eine Trennung zwischen der sozialen und der theologischen

24 Abb. 12.

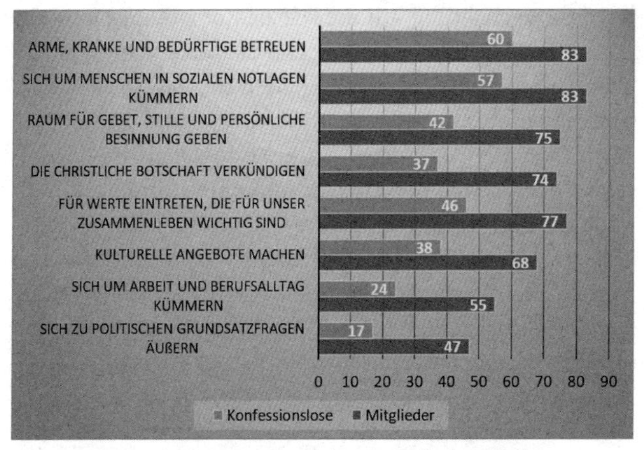

Abb. 12: Gewünschtes Engagement der evangelischen Kirche
Quelle: KMU V 2012; Frage: „Die evangelische Kirche sollte ...“; zustimmende Werte (sehr wichtig und wichtig auf 4-Punkte-Skala); Angaben in Prozent.

Komponente von Religion und Kirche aus Sicht der Menschen weitgehend artifiziell. Sie widersprechen den Ansprüchen, die man an Kirche stellt. Sicher, die evangelische Kirche sollte ihre Kernaufgaben der Verbreitung und Kommunikation des Glaubens schon nachkommen, fast noch wichtiger ist aber ihr soziales Engagement. Dieses Image eröffnet den Kirchen Möglichkeiten. So sind sie im sozialen Sektor sogar über die eigene Mitgliedschaft hinaus anerkannt, was ihnen Legitimität wie auch Attraktivität unter verschiedenen Menschen verschafft. Dies ist dahingehend zukunftsträchtig, weil soziale und ökonomische Probleme in den Gegenwartsgesellschaften nicht verschwinden werden. Damit wird soziales Engagement so schnell keinen sozialen Bedeutungsverlust erleiden.

Diese Ausrichtung auf die soziale Komponente von Kirche wird gelegentlich kritisch gesehen. Gehen bei einer solchen Orientierung auf das Soziale nicht das Theologische und eine protestantische Identität verloren, ist die kritische Nachfrage. Dies unterstellt, dass die theologische Komponente der Auftrag der Kirchen und damit ihre Hauptaufgabe ist. Doch wird dies auch von den Mitgliedern so gesehen? Was gehört denn aus Sicht der Kirchenmitglieder zum Evangelischsein dazu? Unter den Antworten stehen Taufe und Mitgliedschaft an führender Stelle.[25] Ohne *formale und symbolisch abgesicherte Zugehörigkeit* ist eine protestantische Identität scheinbar nicht möglich. Sich als evangelisch zu verstehen, impliziert eine Bezugsstruktur – die evangelische Kirche. Diese eher pragmatischen Mitgliedschaftsgründe werden von grundsätzlichen christlichen Wertorientierungen begleitet. Vor allem die Bemühung, ein anständiger Mensch zu sein, ist vielen evangelischen Kirchenmitgliedern als definitorisches Merkmal wichtig. Anderen Menschen zu helfen und nach den Zehn Geboten zu leben, besitzt ebenfalls erhebliche Relevanz. Religiöse Praktiken wie Abendmahl und Bibellektüre fallen dagegen als Konstitutionsmerkmal zurück. Beides kann man tun, es definierte für die meisten Kirchenmitglieder aber nicht die gefühlte Zugehörigkeit zum Protestantismus. Erneut drängt sich das Bild einer ‚Zugehörigkeitsidentität' des Protestantismus auf.

Dieses Bild wird noch bestärkt, wenn nach dem Grund für die Zugehörigkeit gefragt wird.[26] Tradition, Trauung und Zusammenhalt stehen an der Spitze einer breiten Liste, die allerdings insgesamt auf hohe Zustimmung stößt. Es sind eben viele Gründe, welche eine Mitgliedschaft in der evan-

---

25 Abb. 13.

26 Abb. 14.

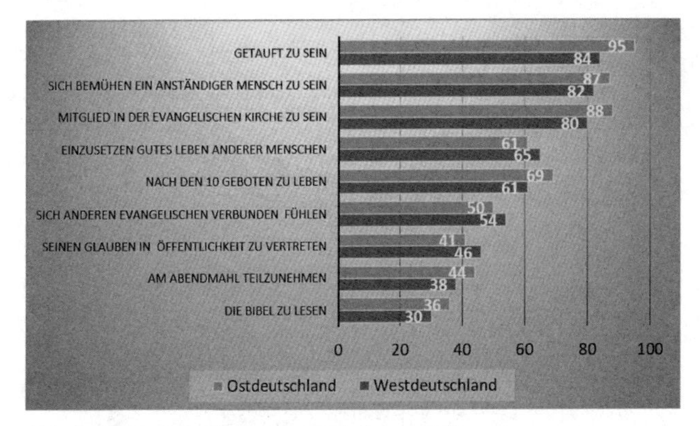

Abb. 13: Was gehört dazu, evangelisch zu sein?
Quelle: KMU V; Frage = Was gehört dazu, evangelisch zu sein (zustimmende Antworten auf dichotomer Antwortskala); Angaben in Prozent.

gelischen Kirche rechtfertigen. Die meisten spiegeln allerdings keine Entscheidung auf der Basis spezifischer und exklusiver individueller religiöser Erfahrung wider, sondern reflektieren pragmatische Gründe und Bezüge. Gleichzeitig sind es selten singuläre Begründungen, die zur Rechtfertigung der Zugehörigkeit angegeben werden. Zwischen Gemeinschaftszugehörigkeit, Glauben und Tradition besteht eine enge Verknüpfung. Die einzelnen Teile der Religiosität sind nicht so einfach von anderen Dimensionen der Religiosität zu trennen. Anders gesagt: Eine rein individualisierte Religiosität ohne Gemeinschaftseinbindung, verbindende Riten wie auch Traditionen scheint kaum eine Perspektive für eine erfolgreiche Zukunft von Kirche zu sein. Wenn man will, kann dies sogar schärfer formuliert werden: Ohne eine entsprechende Einbettung wird sogar eine persönliche christliche Religiosität in Inhalt und Stärke diffundieren.

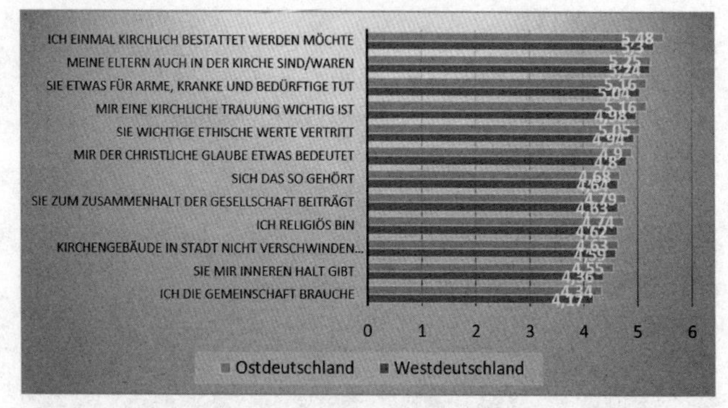

Abb. 14: Zugehörigkeit zur evangelischen Kirche, weil ...
Quelle: KMU V; Mittelwerte auf einer Skala von 1 (ablehnend) bis 7 (zustimmend); Bezug: Mitglieder; Wir haben uns mit vielen Leuten unterhalten, weshalb sie in der Kirche sind. Wie ist dies bei Ihnen?

Doch es ist nicht nur Nächstenliebe, die Kirche auf dem sozialen Sektor attraktiv macht. Die soziale Komponente äußert sich auch in dem *sozialen Engagement* ihrer Mitglieder. So beteiligt sich nach eigenen Angaben ein Fünftel der deutschen Protestanten aktiv an kirchlichen und religiösen Sozialgruppen (18 Prozent aktiv in Westdeutschland, 22 Prozent aktiv in Ostdeutschland sowie jeweils 10 Prozent passiv in beiden Gebieten). Dieses Engagement findet zwar in starkem Umfang im kirchlichen Raum statt, ist aber nicht auf diesen beschränkt. Das freiwillige Engagement der Protestanten übertrifft auch außerhalb des kirchlichen Raums das Engagement der Konfessionslosen, speziell wenn es um soziale Belange geht.[27] Eine freiwillige Mitarbeit in ihrer Kirche oder in sozialen Gruppen und Arbeitskreisen, die dieser nahestehen, ist von einer besonderen gesellschaftlichen At-

27 PICKEL, Indifferenz, 2015.

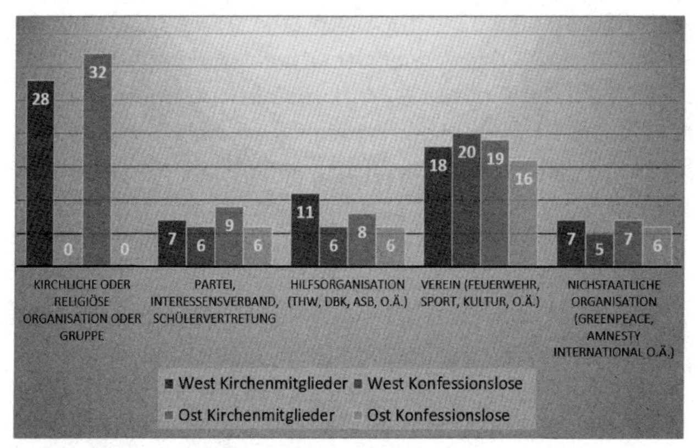

Abb. 15: Engagement (aktiv und Mitgliedschaft)
Quelle: KMU V; Inwiefern beteiligen Sie sich in einer oder mehreren der folgenden Gruppen (Antwortkategorien = aktive Beteiligung, (passive) Mitgliedschaft, keine Beteiligung; Angaben in Prozent.

traktivität für evangelische Kirchenmitglieder.[28] Sicher, diese Gruppen machen nicht die Mehrheit der evangelischen Kirchenmitglieder aus. Doch sie umfassen eine nicht unwesentliche Gruppe der Mitglieder. Speziell unter den Mitgliedern, die in anderen Indikatoren eine hohe Religiosität aufweisen, besitzen sie einen starken Anteil. Dies weist sie dann auch als „Gegengruppe" zu eher dogmatischen hochreligiösen Kirchenmitgliedern aus, wobei auch Letztere sich in eher aktiveren Gruppen sammeln.

Grund für diese besondere Attraktivität der (evangelischen) Kirche können sowohl eine größere Nähe zu kirchlichen Organisationen als auch die christlichen Motivationsstrukturen sein. So sind viele der Engagementgruppen auf soziale Hilfeleistungen ausgerichtet. Wertorientierungen

---

28 Abb. 15.

wie Nächstenliebe besitzen also eine gewisse Schubkraft. Doch auch die *Gelegenheitsstrukturen* im kirchlichen Umfeld sind in ihrer positiven Wirkung nicht zu unterschätzen. Woanders ist es schließlich möglich, so viele Engagementgruppen mit unterschiedlicher inhaltlicher Ausrichtung zu etablieren – und auf eine halbwegs dauerhafte Arbeitsgrundlage zu stellen. Damit leistet dann auch die Sozialform Kirche einen wesentlichen christlichen Beitrag, der weder Diskussionen über Mission noch theologische Tiefendebatten benötigt. Im Gegenteil stellen gerade die angesprochenen Engagementgruppen so etwas wie das Tor zur Welt der Konfessionslosen dar. Sie sind diesen gegenüber strukturell offen und werden auch von den Konfessionslosen so gesehen. Diese Funktion erfüllen weder Gottesdienste noch Gebetskreise. Warum engagieren sich aber die evangelischen Kirchenmitglieder so überdurchschnittlich stark? Die Gründe sind vielfältig, und zumeist ist es eine *Mischung* verschiedener Gründe, welche Engagement auslöst. Dies ist nicht verwunderlich, müssen doch nach Erkenntnissen der Jugendforschung verschiedene Anforderungen als Motivation für freiwilliges Engagement erfüllt sein: So ist es wichtig, dass das Engagement Spaß macht, etwas dabei rauskommt und man es mit anderen zusammen umsetzen kann. Aus Abbildung 16 wird erkennbar, dass die gemeinschaftliche Durchführung der Vorhaben eine herausgehobene Stellung einnimmt. Gleichzeitig besteht eine enge Verklammerung zwischen Gemeinschaftlichkeit, Wertschätzung in der Gemeinde, christlicher Tradition und religiöser Erfahrung. Möglicherweise liegt die Chance religiöser Erfahrung sogar stärker im Kollektiv begründet als in einer „Individualitätskultur" des Protestantismus. So betont man seine individualisierte Beziehung zu Gott, erlebt sie aber am häufigsten im Umfeld von anderen Gläubigen.

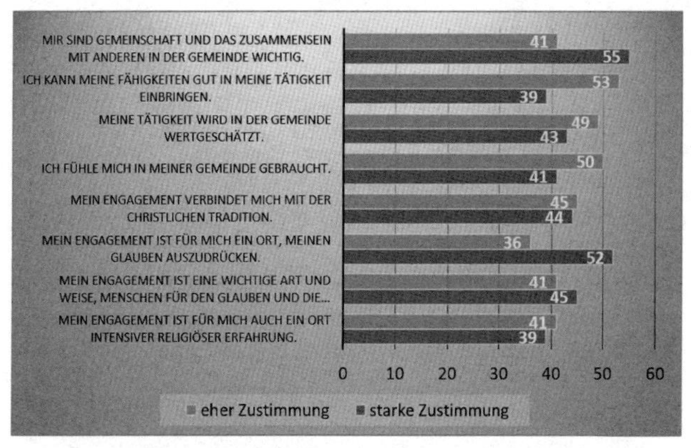

Abb. 16: Gründemix für Engagement in der evangelischen Kirche
Quelle: KMU V; „Was sind die Gründe für kirchliches Engagement?"; zustimmende Antworten/stark zustimmende Antworten; n = 430 (nur kirchlich Engagierte); Angaben in Prozent.

Was ist die Rolle der Pfarrer unter diesen veränderten Strukturbedingungen? Es ist vor allem die Position eines *Brückenbauers*. Er muss stärker als früher die Verbindung zwischen der Institution Kirche und den Engagementgruppen sowie zwischen Letzteren herstellen. Dafür ist persönlicher Kontakt eine zentrale Komponente.[29] Da ist es dann auch nicht überraschend, wenn die mit Abstand engsten Kontaktstrukturen zwischen den Mitgliedern der Engagementgruppen und dem Pfarrer stattfinden. Es kommt zu einer wechselseitigen Bestärkung in der Mitarbeit. In den Sozialgruppen liegt zugleich eine wesentliche Entlastung der Pfarrer, wird doch ein nicht unwesentlicher Teil der Vergemeinschaftungsaufgaben von den Sozialgruppen über-

29 Abb. 17.

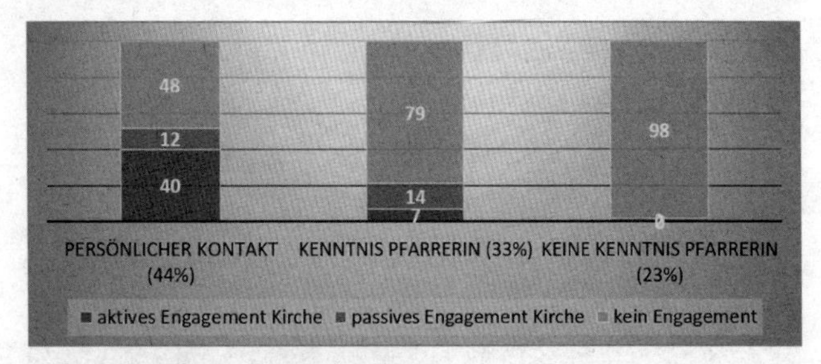

Abb. 17: Der Pfarrer als Brückenbauer
Quelle: KMU V; nur Mitglieder; Angaben in Prozent.

nommen. Nimmt man noch die Information hinzu, dass die Gruppen mit stärkerem persönlichen Kontakt zum Pfarrer, aber auch die aktiven Engagementgruppen im Durchschnitt immer deutlich höhere subjektive Religiositätsbekundungen, Gottesdienstbesuchsraten und eine höhere Gebetshäufigkeit erreichen, ganz abgesehen von ihrer stärkeren Bereitschaft, über ihren Glauben zu kommunizieren, dann wird erneut die wechselseitige Stärkung der sozialen Beziehungen deutlich. Es besteht eine vernetzte Vielfalt[30] von Sozialgruppen, die Kirche ausmacht und Religiosität befördert. Dabei muss man sich aber ebenfalls eines Schnittes gewahr sein, den man zieht: Diejenigen, welche eben nicht engagiert oder beteiligt sind oder in persönlichem Kontakt zum Pfarrer stehen, unterliegen viel stärker der Gefahr einer Glaubensdiffusion und eines Traditionsabbruches. Vornehmlich sind es ihre Kinder und Enkelkinder, die dann irgendwann einmal später der evangelischen Kirche verlorengehen. Hoffnungen auf eine individualisierte protestantische Religiosität jen-

30 Bedford-Strohm/Jung, Vernetzte Vielfalt, 2015.

seits sozialer Einbettung erfüllen sich nur, wenn man auf die inhaltliche christliche Komponente verzichtet und einen quasi inhaltlich entleerten Religiositätsbegriff anlegt.

Diese Beobachtungen besitzen nun auch eine strukturelle Komponente. Es wird ersichtlich, dass eine moderne evangelische Kirche sich verändert. Sie wird in der Zukunft vermutlich immer stärker aus den, teilweise ja sowieso schon vorhandenen, sozialen Netzwerken bestehen, die einen größeren *intellektuellen wie praktischen Freiraum* für sich beanspruchen. Sie werden widerspenstiger gegenüber kirchlichen Vorgaben, vor allem da sie als Freiwilligennetzwerke ja auch keine Dienstverpflichtungen und Abhängigkeitsverhältnisse größeren Umfangs eingehen, und verfolgen an vielen Stellen oft ihre eigene Agenda. Gleichzeitig sind sie für moderne Demokratien als zivilgesellschaftliche Komponente hochmodern, was traditionelle Mitgliedschaftsinstitutionen nicht mehr sind. Sie produzieren das so stark erwünschte ‚Sozialkapital'.[31] Sie integrieren zudem das aus der Individualisierung folgende Streben nach individuellen Entscheidungen mit Gemeinschaft und Zugehörigkeit. Dies ist wichtig, ist Kirche doch eine Gemeinschaftsveranstaltung. Dabei sind die sozialen Netzwerke nach außen, zur säkular geprägten Umwelt hin, strukturell offen. Diese Umorientierung erfordert sicher an verschiedenen Stellen Anpassungsleistungen in Struktur und Organisation in der evangelischen Kirche.

---

31 Robert D. Putnam, Bowling Alone. The Collapse and Revival of American Community, New York 2000; Pickel, Indifferenz, 2015; Richard Traunmüller, Religion und Sozialkapital. Ein doppelter Kulturvergleich, Wiesbaden 2012.

6. Fazit – Kirchlicher Umbruch als Folge vielfältiger Herausforderungen

Wie die Ergebnisse der aktuellen KMU V zeigen, wird Religion hauptsächlich im persönlichen *Nahbereich* diskutiert. Die Kernsozialisationsinstanz der religiösen Weitergabe ist heute wie früher die Familie. Gleichzeitig ist gerade dort die Konsistenz der Weitergabe religiöser Inhalte, Praktiken und Glaubensüberzeugungen brüchig geworden. Anteile einer religiösen Sozialisation sind zwar in der deutschen Gesellschaft immer noch weit verbreitet, es ist aber kein natürlicher und unabdinglicher Vorgang mehr, dass Eltern ihre Kinder religiös erziehen. Diese Abschwächung in der religiösen Weitergabe ist, zusammen mit einer schleichenden Verdrängung von Religion aus der Öffentlichkeit ins Private, der zentrale Grund für den in den letzten Jahren zu beobachtenden *Traditionsabbruch*. Dieser wieder erklärt in großen Teilen die steigende Ausbreitung von *religiöser Indifferenz*, wenn man diesen etwas unscharfen Begriff verwenden möchte. Ein Problem dieses Begriffes liegt darin, dass er die Entwicklungen einer zunehmenden Säkularisierung etwas beschönigt. Es hält das (trügerische) Gefühl aufrecht, dass trotz einer steigenden Distanz zur Kirche und ihren Traditionen sowie Riten doch irgendwie bei den nun autarken Individuen eine Resonanzmöglichkeit für Glauben und Religiosität erhalten bleiben könnte. Diese müsse dann zukünftig nur richtig aktiviert werden, um den Glauben wieder zur Entfaltung zu bringen. Ein solcher Blick ignoriert dabei bewusst oder unbewusst die Möglichkeit, dass es eben Menschen geben kann, die Religiosität als nicht bedeutsam für ihr Leben ansehen und ihr gleichgültig gegenüberstehen. Hierfür sind Begriffe wie ‚unreligiös‘ oder

‚religionslos' vermutlich die wesentlich bessere Situationsbeschreibung.

Überhaupt sprechen die Daten der KMU V weit stärker für eine *Säkularisierung* als für eine Transformation des Religiösen hin zu individualisierten Gläubigen. Die generationalen Abbruchsprozesse betreffen eben nicht nur kirchliche Praktiken und Vorgaben, sondern auch subjektive Elemente von Religiosität. Ohne soziale Verankerung in Gemeinschaft und Tradition erodiert auch die Glaubensfestigkeit der Individuen. Alle Ergebnisse der KMU V zeigen eine enge Verzahnung von Mitgliedschaft, Glauben und religiöser Praxis. Man mag sich im Alterungsprozess des Lebenszyklus vielleicht an Kirche gewöhnen, wahrscheinlicher sind aber sich in die Zukunft weiter verlängernde *Generationendifferenzen*. In den Daten faktisch nicht zu sehen sind religiöse Lernprozesse einer Vertiefung des Glaubens, wie sie der Entwicklungspsychologie vorschweben. Selbst wenn es sein kann, dass man diese übersieht, scheint ihre Prägnanz und Auswirkung auf die derzeitige gesellschaftliche Situation der christlichen Religiosität doch marginal. Denn, und dies muss auch in Aufnahme der Grundgedanken der Individualisierungstheorie gesagt werden, subjektive Religiosität unter einem weiten Religiositätsbegriff ist alles andere als deckungsgleich mit christlicher Religiosität – und damit irgendwie kirchen- und religionsfähig.

Fasst man die Auslöser für diese *Säkularisierung* zusammen, so sind sie vielschichtig. An erster Stelle steht der beschriebene Traditionsabbruch, der sich in einem generationalen Abbruch der Sozialisation und dann Religiosität ausdrückt. Dieser Abbruchsprozess wird begleitet durch eine zunehmende Selbstverständlichkeit eines Lebens ohne Religion. Es ist nicht mehr zwingend begründungsbedürftig, dass man nicht religiös ist. Gelegentlich wendet sich hier sogar die Erklärungsbedürftigkeit ins Gegenteil. Zumindest ist es genauso normal, nichtreligiös und konfessionslos wie religiös zu sein. Da man nun Religion kaum mehr zwingend für das Alltagsleben benötigt, wird sie in der Lebensplanung nachrangig. Aufgrund dieser wachsenden *Nachrangigkeit von Religion im Lebensalltag* ist der Auszug religiöser Kommunikation aus der Öffentlichkeit keine Überraschung mehr. Zumindest, wenn es um die Kommunikation des eigenen Glaubens und nicht die Kritik am potenziellen Konfliktfaktor Religion geht. Die manchmal gehegten Hoffnungen auf eine individualisierte Religiosität jenseits der Kirche scheinen sich also nicht zu erfüllen. Kommt es zu einem Abbruch in der Mitgliedschaft, so sind es die distanzierten Mitglieder, welche der Kirche über die Zeit verlorengehen – oder aber deren Kinder. In gewisser Hinsicht ergibt sich in der deutschen Gesellschaft sogar so etwas wie eine Polarisierung zwischen hochreligiösen und kirchengebundenen Mitgliedern und säkularisierten Teilen der Bevölkerung. Diese muss nicht zwingend ein Problem sein, kann man doch auch als religiöser Mensch in einer weitgehend säkular funktionierenden Gesellschaft mit Religionsfreiheit leben. Wie sich in den USA zeigt, sind aber gesellschaftliche Kontroversen zukünftig nicht ausgeschlossen. Aus Sicht der evangelischen Kirche bedeutet dies, sich mit dem Gedanken anzufreunden, dass der Säkularisierungsprozess weiterläuft und man sich unter der Bedingung einer kontinuierlich sinkenden Zahl an Mitgliedern (neu) organisieren muss.

Doch dies ist nur eine Seite. So wie der Einzelne über seinen Glauben in der Öffentlichkeit nur mehr begrenzt Zeugnis ablegt und diskutiert, so besitzt doch die *Kirche* eine beachtliche *zivilgesellschaftliche Relevanz*. Ja, in der Tat die Kirche und nicht in erster Linie die Religion. Dies gründet in ihrer Funktion als Produzent von günstigen *Gelegenheitsstruktu-*

ren für zivilgesellschaftliches Engagement. Wo anders als im Umfeld der Kirchen kann man sich in so vielfältiger Weise mit anderen treffen und gemeinsam tätig werden? In Verzahnung mit christlichen Werten wie Nächstenliebe, sozialer Fürsorge und Barmherzigkeit werden Christen, und besonders häufig evangelische Christen, an dieser Stelle aktiv. Kirche ist aus ihrer Sicht eine gemeinschaftliche und doppelt soziale Veranstaltung. Doppelt sozial, weil einerseits in der sozialen Kraft der Kirche ihre zentrale Aufgabe gesehen wird, andererseits eine Sozialität im Sinne von Gemeinschaft geschaffen wird. Diese soziale Form der Sozialform Kirche hat nun einen Vorteil, sie ist hochgradig modernisierungsangepasst. Anders als das sinkende Interesse an Gottesdienst und traditionellen religiösen Praktiken ist Seelsorge und die Ausübung sozialer Hilfe weiterhin nachgefragt, ja sogar in der Nachfrage eher steigend. Hier entsteht für die evangelische Kirche die Herausforderung, wie sie mit diesen veränderten Anforderungen, die in Demokratien immer stärker auf Zivilgesellschaft und weitgehend unabhängig operierende Freiwilligengruppen zulaufen wird, umzugehen gedenkt. Den beteiligten Personen, welche eine protestantische Identität aufweisen, muss eine stärkere Anerkennung ihres sozialen Engagements gewährt werden. Darüber hinaus dürfte es notwendig werden, die Strukturen der Organisation von Gemeinden mit Blick auf das Verhältnis Ehrenamt, freiwillige soziale Gruppen und Hauptamtliche neu zu durchdenken und zu organisieren. Die zukünftige Anforderung an Pfarrer wird noch mehr die eines Konstrukteurs von Brücken zwischen aktiven Mitgliedern sein, als sie dies bereits jetzt ist.

Die letzte und nicht kleinste Herausforderung stellt die zunehmende *religiöse Pluralisierung* dar. Speziell die Zunahme von Mitbürgern islamischen Glaubens oder aus dem orthodoxen Christentum ruft zu einer Definition des Umgangs mit ihnen auf. Neben dem da geforderten *interreligiösen Dialog* geht es auch darum, zu bestimmen, wie man sich zu fremdenfeindlichen und islamophoben Stellungnahmen positioniert. Sowohl Zusammenarbeit als auch die Bestimmung der eigenen Identität in Relation zu den anderen religiösen Gemeinschaften wird eine Aufgabe werden, der sich die evangelische Kirche stellen muss. Entsprechend scheint einiges zu tun zu sein, um einen erfolgreichen Umbruch der evangelischen Kirche zu gewährleisten. Notwendig wird er aufgrund der veränderten gesellschaftlichen Rahmenbedingungen werden.

7. Literatur

Bedford-Strohm, Heinrich/Jung, Volker (Hrsg.), Vernetzte Vielfalt. Kirche angesichts von Individualisierung und Säkularisierung, Gütersloh 2015.

Bruce, Steve, God is Dead. Secularization in the West, Oxford 2002.

Casanova, Jose, Public Religions in the Modern World, Chicago 1994.

Davie, Grace, Religion in Britain since 1945. Believing without Belonging, Oxford 1994.

Dobbelaere, Karel, Secularization. An Analysis on three levels, Brüssel 2002.

Finke, Roger/Stark, Rodney, The Churching of America 1576–2005. Winners and Losers in our Religious Economy, New Brunswick 2006.

Fowler, Christobel, Spielend gelernt! Twenty colloquial scenes providing practice in the use of prefixes, London 1972.

Gabriel, Karl/Gärtner, Christel/Pollack, Detlef (Hrsg.), Umstrittene Säkularisierung. Soziologische und historische Analysen zur Differenzierung von Religion und Politik, Berlin 2012.

Glock, Charles, On the Study of Religious Commitment, Special Issue of Religious Education, Chicago 1973.

Graf, Friedrich Wilhelm, Die Wiederkehr der Götter. Religion in der modernen Kultur, Bonn 2004.

Graf, Friedrich Wilhelm, Der Protestantismus. Geschichte und Gegenwart, München 2010.

Iannaccone, Laurence R., The Consequences of Religious Market Structure. Adam Smith and the Economics of Religion, Rationality and Society 3, 1991, 156–177.

Iannaccone, Laurence R., Introduction to the Economics of Religion, in: Journal of Economic Literature 36, 1998, 1465–1496.

Knoblauch, Hubert, Populäre Religion. Auf dem Weg in eine spirituelle Gesellschaft, Frankfurt/Main 2009.

Luckmann, Thomas, Die unsichtbare Religion, Frankfurt am Main 1991.

Norris, Pippa/Inglehart, Ronald, Sacred and Secular. Religion and Politics Worldwide, New York 2004.

Pickel, Gert, Säkularisierung, Individualisierung oder Marktmodell? Religiosität und ihre Erklärungsfaktoren im europäischen Vergleich, in: Kölner Zeitschrift für Soziologie und Sozialpsychologie 62, 2010, 219–245.

Pickel, Gert, Religionssoziologie. Eine Einführung in die zentralen Themenbereiche, Wiesbaden 2011.

Pickel, Gert, Die Situation der Religion in Deutschland – Rückkehr des Religiösen oder voranschreitende Säkularisierung, in: Pickel, Gert/Hidalgo, Oliver (Hrsg.), Religion und Politik im vereinigten Deutschland, Was bleibt von der Rückkehr des Religiösen? Wiesbaden 2013, 65–102.

Pickel, Gert, Sozialkapital und zivilgesellschaftliches Engagement evangelischer Kirchenmitglieder als gesellschaftliche und kirchliche Ressource, in: Bedford-Strohm, Heinrich/Jung, Volker (Hrsg.), Vernetzte Vielfalt. Kirche angesichts von Individualisierung und Säkularisierung, Gütersloh 2015, 279–301.

Pickel, Gert/Jaeckel, Yvonne/Yendell, Alexander, Der Deutsche Evangelische Kirchentag – Religiöses Bekenntnis, politische Veranstaltung oder einfach nur Event? Eine empirische Studie zum Kirchentagsbesuch in Dresden und Hamburg, Baden-Baden 2015.

Pickel, Gert/Spieß, Tabea, Religiöse Indifferenz – Konfessionslosigkeit als Religionslosigkeit?, in: Bedford-Strohm, Heinrich/Jung, Volker (Hrsg.), Vernetzte Vielfalt, Kirche angesichts von Individualisierung und Säkularisierung. Gütersloh 2015, 248–266.

Pollack, Detlef, Säkularisierung – ein moderner Mythos? Studien zum religiösen Wandel in Deutschland, München 2003.

Pollack, Detlef, Rückkehr des Religiösen? Studien zum religiösen Wandel in Deutschland und Europa 2, München 2009.

Pollack, Detlef/Pickel, Gert (Hrsg.), Religiöser und kirchlicher Wandel in Ostdeutschland 1989–1999, Opladen 2000.

Putnam, Robert D., Bowling Alone. The Collapse and Revival of American Community, New York 2000.

Stark, Rodney, Secularization. R.I.P. Sociology of Religion 60, 1999, 249–273.

Stark, Rodney/Bainbridge, William Sims, A Theory of Religion, New Brunswick 1987.

Stark, Rodney/Finke, Roger, Acts of Faith. Explaining the Human Side of Religion, Berkeley 2000.

Traunmüller, Richard, Religion und Sozialkapital. Ein doppelter Kulturvergleich, Wiesbaden 2012.

Wilson, Bryan, Religion in Sociological Perspective, Oxford 1982.

Wohlrab-Sahr, Monika/Karstein, Uta/Schmidt-Lux, Thomas, Forcierte Säkularität. Religiöser Wandel und Generationendynamik im Osten Deutschlands, Frankfurt am Main 2009.

Konrad Merzyn

Kirche im Umbau

Perspektiven aus der V. Kirchenmitgliedschaftsuntersuchung für die kirchenleitende Praxis[1]

1. Vorbemerkung

Bekanntlich lässt sich weder aus empirischen Daten noch aus deren religions- und kirchensoziologischer Analyse direkt eine Handlungsstrategie ableiten, die von den Kirchenleitungen nur noch umgesetzt werden müssten. Zum einen liefert das Datenmaterial in der Regel keine einfachen kausalen Zusammenhänge, zum anderen muss jede Handlungsstrategie mit nicht bedachten Nebenwirkungen und nicht intendierten Effekten rechnen.

Zudem ist davon auszugehen, dass sich gesellschaftliche Makrotrends nicht durch Handlungskonzepte gleich welcher Art verändern oder aufhalten lassen. Obwohl die evangelischen Kirchen in den vergangenen Jahrzehnten nicht nur Fehler gemacht haben, gelingt es bekanntlich (bislang) nicht, die allgemeinen Abschmelzungs- und Deinstitutionalisierungsprozesse wirksam zu beeinflussen.

Insofern ist vor der Formulierung konkreter Perspektiven zunächst der Tatsache Rechnung zu tragen, dass sich auch (und vielleicht gerade) im religionssoziologischen Bereich empirische Daten einem objektiv-neutralen Zugriff entzie-

1 Zuerst veröffentlicht in: HEINRICH BEDFORD-STROHM/VOLKER JUNG (Hrsg.), Vernetzte Vielfalt. Kirche angesichts von Individualisierung und Säkularisierung, Gütersloh 2015, 447–456.

hen. So hängen sie von der Deutung der Situation und der jeweils leitenden religionssoziologischen Theorie ab und führen so zu sehr unterschiedlichen Einschätzungen. Die gängigen theoriegeleiteten Optionen wurden jüngst von Stefan Huber folgendermaßen skizziert[2]:

- *Säkularisierungstheoretische Ansätze* konstruieren die intergenerationale Tradierung von religiösen Inhalten und damit die religiöse Sozialisation als Hauptquelle religiöser Einstellungen und gehen deshalb aktuell von einem fortschreitenden Bedeutungsverlust des Kirchlichen bzw. Religiösen im Blick auf die Gegenwart und Zukunft aus. Aus dieser Perspektive muss sich die kirchenleitende Praxis also vornehmlich defensiv mit der Entwicklung von Zukunftsperspektiven für eine schrumpfende Kirche beschäftigen. Dabei wird die Reflexion und Förderung von Prozessen religiöser Sozialisation einen zentralen Platz einnehmen.
- *Individualisierungstheoretische Ansätze* werden dagegen die offensive Erschließung neuer religiöser Räume in den Blick nehmen und aus diesem Grund eine stärkere Öffnung der kirchlichen Aktivitäten für die Pluralität der gegenwärtigen Religiosität empfehlen. Potenziale für religiöse Aufbrüche sind aus dieser Sicht immer verbunden mit der Forderung, die religiöse Produktivität der Mitglieder ohne Vorbehalte zu akzeptieren und nicht der Versuchung institutioneller Normierungsversuche zu erliegen.

2 Stefan Huber, Religions- und kirchensoziologische Perspektiven, in: Kunz, Ralph/Schlag, Thomas (Hrsg.), Handbuch für Kirchen- und Gemeindeentwicklung, 2014, 73–80.

- *Markttheoretische Ansätze* schließlich konstruieren die evangelischen Kirchen als einen Anbieter unter anderen auf dem Markt des Religiösen und empfehlen deshalb eine auf Marktanalysen basierende Angebotsoptimierung. Diese Optimierung kann sowohl als Steigerung der Qualität bereits bestehender Angebote als auch als Einführung gänzlich neuer, auf aktuelle religiöse Bedürfnisse reagierende Angebote vollzogen werden.

Deutlich wird bereits aus dieser stark vereinfachten Skizze: Wer über Perspektiven für die kirchenleitende Praxis nachdenkt, wird nicht auf eine der drei Zugangsweisen allein setzen, sondern wird mehrere Perspektiven und die aus ihnen resultierenden Handlungsempfehlungen miteinander vermitteln. Nur auf diese Weise lässt sich im Blick auf strategische Entscheidungen eine unangemessene Einseitigkeit vermeiden. Nur mit dieser Blickweite lässt sich auch verhindern, die Ergebnisse der Kirchenmitgliedschaftsuntersuchungen ausschließlich aus der Perspektive des jeweils eigenen Selbstverständnisses zu rezipieren und dadurch auf der Ebene der Handlungsempfehlungen nur die sattsam bekannten Frontstellungen fortzuschreiben. Zutreffender für die Situation scheinen dagegen kirchenleitende Entscheidungen über Konsequenzen in Gestalt von Impulsen und Anregungen zu sein, bei denen sorgfältig beobachtet werden muss, welche Veränderungen sich dann tatsächlich einstellen. Es braucht daher neben den Impulssetzungen auch eine differenzierte Analyse- und Wahrnehmungskompetenz, damit nicht erst in zehn Jahren bei der eventuell durchzuführenden VI. Kirchenmitgliedschaftsuntersuchung Veränderungen sichtbar bzw. vermisst werden.

2. Grundlinien zukünftiger Strategieentwicklung

Die am Ende des 19. Jahrhunderts entwickelte und mit dem Namen Emil Sulze verbundene Vorstellung einer überschaubaren Gemeindeform, in der sich die Mitglieder persönlich kennen, ist bis in die Gegenwart tief in den kirchlichen Milieus verwurzelt. Das Leitbild der vereinsähnlichen Gemeinde verbindet sich dabei – anders als ursprünglich intendiert – häufig mit normativ-konzentrischen Aufladungen des Teilnahmeverhaltens (engagierte Kerngemeinde vs. distanzierte Randgemeinde).

Die Ergebnisse der Kirchenmitgliedschaftsuntersuchungen lassen dieses Bild seit langem als mindestens ergänzungsbedürftig erscheinen. Denn deutlich ist mittlerweile die Pluralität von Mitgliedschaftspraxen und -motiven zu erkennen. Deutlich ist auch wahrzunehmen, dass die Parochialgemeinde nicht die einzige Gemeindegestalt der Kirche darstellt. Es entstehen darin und daneben immer wieder „Gemeinden auf Zeit" im Kontext von Projekten oder besonderen Gottesdienstformen. Dass dieser Pluralität in den Bereichen Mitgliedschaft und Gemeindeformen ein eindimensional-konzentrisches Kirchenbild nicht ausreichend entspricht, liegt auf der Hand. Es wird also zukünftig eher um polyzentrische Entwicklungen von Gemeinden und Kirchenbildern gehen, die eine Vielzahl von Zugängen und Mitgliedschaftspraxen nicht nur zulassen, sondern bewusst ermöglichen und fördern. Im Blick auf die Gemeindeformen bedeutet das stärker als bislang ein Mit- und Nebeneinander von parochialen und nicht-parochialen kirchlichen Orten.

Weitere Brisanz erhalten derartige Umbauprozesse zudem durch die Tatsache, dass es sich faktisch vielerorts auch um Prozesse des Rückbaus handelt und handeln wird. Wenn sich die evangelische Kirche von der Volkskirche im Sinne der selbstverständlichen gesellschaftlichen Mehrheit hin zu einer pluralismusfähigen Großkirche neben anderen religiösen Gemeinschaften wandelt, ergibt sich aus der Notwendigkeit eines intelligenten Umbaus vordringlich die ekklesiologische Aufgabe, ein den gegenwärtigen gesellschaftlichen Rahmenbedingungen angemessenes Kirchenbild zu entwickeln.

Ein solches Kirchenbild wird den theologisch-konzeptionellen Anspruch, der sich mit dem Begriff ‚Volkskirche' verbindet, nicht aufgeben und zugleich berücksichtigen, dass und in welchem Maß sich die gesellschaftlichen Kontexte wandeln. Aus dieser Perspektive ist im Sinne einer Transformation des volkskirchlichen Anspruchs weiter zu fragen nach dem Auftrag der Kirche in der Gesellschaft und für die Gesellschaft und nach den Möglichkeiten der Kirche, gesellschaftlich wirksam und weiter prägend zu sein. Kirchliche Strategieentwicklung sollte dabei weder einer vorauseilenden Selbstmarginalisierung Vorschub leisten noch verzweifelt um den bloßen Erhalt gegenwärtiger Größe kämpfen, sondern die geistliche Dimension ihres Grundauftrages profiliert vortragen. Mit selbstbewusstem Realismus kann sich die evangelische Kirche weiterhin als zivilgesellschaftliche Instanz verstehen, die Menschen religiöse Beheimatung und der Gesellschaft positive Gestaltungskraft bietet. Unabhängig von der Entwicklung ihrer Mitgliederzahlen wird eine Volkskirche im protestantischen Sinn auch zukünftig daran zu erkennen sein, dass sie eine Vielzahl von Profilen und Zugängen theologisch zu integrieren vermag. Denn gerade die innere Pluralität des Protestantismus stellt ja einen integralen Bestandteil des Protestantismus dar und ist nicht erst eine legitime Folge gesamtgesellschaftlicher Pluralisierungsprozesse.

In der Praxis kirchenleitenden Entscheidens und Handelns wird es also um eine konstruktive Vermittlung von Profilierungs- und Diversifizierungsmaßnahmen gehen. Das Grundziel der stärkeren geistlichen Erkennbarkeit ist dabei zu beziehen auf die volkskirchliche Notwendigkeit, eine Vielzahl von unterschiedlichen Profilen aufrechtzuerhalten. Nur durch eine solche Vermittlung lässt sich verhindern, dass die Gesamtkirche von einem bestimmten Profil dominiert wird und dadurch (unabhängig von der konkreten inhaltlichen Ausrichtung) große Gruppen ihrer Mitglieder nicht zu integrieren vermag. Nur eine in ihren Angeboten, Sprachformen und Frömmigkeitsstilen diversifizierte Kirche hat das Potenzial vielfältiger Bindungskräfte. Kirchenleitendes Handeln wird dieses Potenzial vor allem dann entfalten können, wenn es gelingt, einerseits die Unterschiede der Profile nicht zu Gegensätzen werden zu lassen und andererseits die Vielfalt der Profile nicht zur Blässe einer unverbindlichen Pluralität verkommen zu lassen.

3. Handlungsoptionen

Von diesen Grundlinien ausgehend sind, für die kirchenleitende Perspektive verschiedene Handlungsoptionen zu entfalten:

3.1

Je weniger selbstverständlich die Verbundenheit mit der Kirche von einer Generation an die nächste vererbt wird, desto mehr wird die Aufgabe der religiösen Sozialisation zur künftigen Schlüsselherausforderung. Besonders prägend ist in dieser Hinsicht v. a. die früheste familiäre Situation; Vorleben und Nachahmung sind die beiden zentralen Elemente, mit denen Kinder nicht nur Lesen und Schreiben, Fairness und Gewaltfreiheit lernen, sondern eben auch Zugang zu Religion und Glauben finden. Die kirchlichen Unternehmungen im Kontext dieser Schlüsselaufgabe werden auf verschiedenen Ebenen angesiedelt sein:

Auf der kirchlich-institutionellen Ebene sind Krabbelgottesdienste, Kindergartenarbeit und Kindergottesdienst, Konfirmanden- und Schulunterricht hochrelevante Orte der Erstbegegnung mit dem christlichen Glauben. Gerade als Kontaktflächen der Kirche zur Gesellschaft sind sie in ihrem Potenzial zu schätzen. Man wird in diesen Bereichen noch stärker als bisher nach Möglichkeiten der Einbindung der Eltern und Großeltern in die kirchliche Arbeit mit den Kindern fragen müssen und die vertiefte Beteiligung dieser primären Sozialisationsagenten in die kirchlichen Veranstaltungen fördern.

Religiös sprachlos gewordene Eltern benötigen zudem auch im Blick auf die familiäre Kommunikationssituation Hilfestellung und Ausstattung für die eigene Gestaltung der religiösen Bildung ihrer Kinder. Wenn die Familie als Ort der religiösen Kommunikation stärker in den Blick kommt, verbindet sich damit aus kirchenleitender Perspektive die Notwendigkeit einer Erweiterung des Familienbegriffs, der die faktisch hochpluralisierte Familiensituation wahr- und ernst nimmt. Dazu gehört auch die historisch informierte Einsicht, dass die Verbindung von religiöser Kommunikation und Familie schon einmal viel weiter ausgeprägt war (über Jahrhunderte waren z.B. Haustaufen selbstverständlich, nach dem Kirchenkampf sind sie bestenfalls geduldet). Auch gibt es schon ermutigende Beispiele gelungener Aktionen der familiären Unterstützung, wie z.B. den sogenannten ‚Geburtsbeutel' als Geschenk der Kirche zur Geburt eines

Kindes oder jüngst die Entwicklung einer ‚Einschulungstüte' als Geschenk der Kirche an die Kinder. Die weiteren Überlegungen sollten Formen und Formate entwickeln, die die Privatheit religiöser Kommunikation bestärken, ohne diese lediglich als Vorstufe zur kirchlichen Kommunikation anzulegen. Gezielte Kommunikationsanstöße in den privaten, familiären Raum sollten vielmehr darauf zielen, dass über Glaubensthemen auch und bewusst zu Hause gesprochen wird, dass also der Austausch darüber gerade nicht an kirchlich-professionelle Stellen delegiert wird, sondern primär in der Hand und Verantwortung der Eltern liegt.

Die Analysen der Befragung weisen daneben auf das Potenzial der Gruppe der sogenannten jungen Alten hin, eine Altersgruppe von Kirchenmitgliedern, die in den kommenden Jahren beträchtlich wachsen wird. In dieser Altersgruppe der 60- bis 74-Jährigen zeigt sich eine besondere Mischung aus zurückgehender Selbstverständlichkeit der religiösen bzw. kirchlichen Bindung auf der einen Seite und einem relativ großen Interesse an kirchlichen Angeboten sowie der hohen Bereitschaft zu ehrenamtlichem Engagement auf der anderen Seite. Der wachsende Anteil dieser Altersgruppe ist insbesondere von Interesse wegen der Bereitschaft dieser Gruppe, kirchliche Leitungsaufgaben ehrenamtlich zu übernehmen. Angesichts der vielfältigen außerkirchlichen Möglichkeiten zu ehrenamtlichem Engagement wird man mit diesem Potenzial sorgsam und verstärkt auch werbend umgehen. Denn das Engagement und die Bindung der jungen Alten in der Kirche sind nicht (mehr) selbstverständlich.

3.2

Der reformatorische Auftrag der öffentlichen Verkündigung des Evangeliums macht deutlich, dass kirchliches Handeln in seiner Vielfalt auf einen öffentlichen Kommunikationsakt ausgerichtet ist. In einem gesellschaftlichen Kontext, in dem dieser Anspruch und damit verbunden auch die öffentliche Rolle der Kirche zunehmend infrage gestellt werden, sind die Ergebnisse der V. KMU aus kirchenleitender Perspektive intensiv zu bedenken. Die Präsenz der Kirche in den gesellschaftlichen Diskursen kommt dabei ebenso in den Blick wie die kirchliche Mitwirkung an zentralen Aufgaben der Gesellschaft im Bereich der Bildung und der Diakonie. Mit der Perspektive einer öffentlichen Kirche verbindet sich nicht weniger als ein hoffnungsvoll-realistischer Weltgestaltungsanspruch, der sich nicht mit Beiträgen zu ethischen Fragestellungen bescheidet, sondern gesellschaftliche Nah- und Fernbereiche insgesamt in dezidiert theologischer Weise zu deuten vermag.

Hinsichtlich der zukünftigen Gestaltung der Kirche in den absehbaren Umbauprozessen wird zu diesem Zweck verstärkte Aufmerksamkeit auf der Frage liegen, was die Kirche erkennbar macht und zur Identifikation mit der Kirche beitragen kann. Hier sind bestimmte Themen und die Mitarbeitenden ebenso zu nennen wie die Kirchengebäude, die Diakonie ebenso wie die kirchliche Bildungsarbeit.

Dem Prinzip der Außenorientierung folgend, wird man nicht die unfruchtbare Debatte über gemeindliche oder übergemeindliche Schwerpunktsetzungen und Stellenanteile weiterführen. Zum einen kann die professionelle Bearbeitung und öffentliche Deutung vieler Themenbereiche nicht in parochialen Strukturen geleistet werden. Zum anderen verkennt die Dichotomie ‚gemeindlich-übergemeindlich' eine kirchliche Realität, die durch die Rede von ‚kirchlichen Orten' angemessener abgebildet werden kann. Dies wird deutlich insbesondere im Blick auf die Rolle der Pfarrerinnen und Pfarrer für eine Kirche in der Öffentlichkeit: Die

Ergebnisse der V. KMU zeigen eindrücklich die Relevanz von öffentlich präsenten Pfarrerinnen und Pfarrern in ihrer Rolle als Repräsentanten und Identifikationsfiguren der evangelischen Kirche. Diese Schlüsselrolle beschränkt sich selbstverständlich nicht auf parochial strukturierte Gemeinden, denn auch in anderen Kontexten sind Pfarrerinnen und Pfarrer Schlüsselpersonen.

Aus der Erkenntnis, dass die öffentliche Gesamtwahrnehmung der Kirche stark mit der öffentlichen Wahrnehmbarkeit von Pfarrerinnen und Pfarrern zusammenhängt, ergibt sich für die kirchenleitende Perspektive zum einen die Aufgabe, Pfarrerinnen und Pfarrer in der Wahrnehmung eben dieser öffentlichen Rolle zu stärken und entsprechende Ressourcen für Ausbildungs- und Unterstützungsmaßnahmen vorzusehen. Weiter zu führen sind zum anderen die Debatten über konstruktive Verhältnisbestimmungen zwischen den verschiedenen hauptamtlichen Berufsgruppen sowie zwischen Haupt- und Ehrenamtlichen, um unsachgemäße Nivellierungen von Berufsprofilen ebenso zu vermeiden wie Klerikalisierungstendenzen.

3.3

Die Mehrheit der Kirchenmitglieder gibt in Bezug auf die Verbundenheit mit der Kirche mittlere Werte an und gehört damit zu den sogenannten nahen Fernen oder kirchlich Distanzierten. Ihre kirchlich-soziale Praxis hat die Form einer gelegentlichen und anlassbezogen aktivierten Verbundenheit. Sie erleben Kirche vor Ort bei der Teilnahme an Kasualien und Gottesdiensten an zentralen Feiertagen. Sie vertreten in der Regel eine würdigende Wahrnehmung der öffentlichen Person der Pfarrerin/des Pfarrers vor Ort. Und sie leisten über die Kirchensteuer den wesentlichen Beitrag zur Finanzierung der Kirche. Von den Begegnungen und Erlebnissen bei solchen Gelegenheiten leitet sich der Eindruck von der Kirche insgesamt ab.

Dieses hinreichend bekannte Bild gewinnt neue Konturen angesichts der Ergebnisse bezüglich des engen Zusammenhangs zwischen Kirchlichkeit und Religiosität. Offenbar werden mittlere Verbundenheit bzw. distanzierte Formen der Mitgliedschaft nicht (mehr) ohne weiteres an die nächsten Generationen tradiert. Denn darin liegt ein Effekt der abnehmenden religiösen Praxis: Ein Vergleich der Alterskohorten zeigt, dass mittlere Verbundenheit, kombiniert mit fehlender religiöser Praxis, zu einer Verflüchtigung des Glaubens und der Verbundenheit mit der Kirche führt. Im Blick auf diese Mehrheit der Kirchenmitglieder in mittlerer Verbundenheit ergeben sich für die kirchenleitende Perspektive also zwei Herausforderungen:

Zum einen müssen kirchenleitende Entscheidungen Sorge tragen für die weitere Qualifizierung der vorhandenen Kontaktflächen der Kirche mit ihren Mitgliedern. Diese Qualifizierung konkretisiert sich z.B. in der beständigen Arbeit an der Qualität der Kasualien, in einer intensivierten Bereitschaft, Kirche auch an anderen, ungewöhnlichen Orten zu gestalten (denn die Kasualpraxis löst sich an verschiedenen Stellen von der Ortsgemeinde ab) und in dem fortgesetzten Ringen um berührende Sprachformen für den Glauben. Insbesondere in den mit der Aus- und Fortbildung von Pfarrerinnen und Pfarrern befassten Bereichen sind diese Aufgaben weiterhin zu verfolgen.

Weiter im Blick behalten wird man in dieser Hinsicht auch die Möglichkeiten und Notwendigkeiten, auf die moderngesellschaftlichen Ausdifferenzierungen mit einer Ergänzung des traditionellen Kasualangebots zu reagieren. Ob sich neben Taufe, Trauung und Bestattung weitere biografische

Wendepunkte (Einschulung, Jubiläen des Geburts- oder Hochzeitstages, Ehescheidung) für kasualpraktische Kanonisierung eignen, wird sich jedoch erst im Rückblick auf einen längeren Zeitraum zeigen.

Zum anderen legt sich eine Refokussierung der missionarischen Aufgaben einer künftigen Volkskirche nahe. Ein bilanzierender Blick auf die missionarische Arbeit der vergangenen Jahre und Jahrzehnte sieht: Die Strategie, mittlere Verbundenheit durch missionarische Aktivität in Hochverbundenheit zu transformieren, gelingt nur in Einzelfällen. Gegenwärtig ist die missionarische Arbeit (häufig gegen ihre eigene Intention) zu sehr auf die Hochverbundenen ausgerichtet, nicht aber auf die Distanzierten und Fernstehenden. Gemessen an dem volkskirchlichen Anspruch müssen die missionarischen Anstrengungen jedoch deutlicher als bislang darauf zielen, auch und gerade die Mitglieder in Halbdistanz, Unbestimmtheit und Institutionsskepsis anzusprechen und in ihrer individuellen Form der Verbundenheit zu stabilisieren. Es gilt Wege zu finden, die Fernstehenden in ihrer Form der Verbundenheit zu würdigen und sie zu ermutigen, in dieser Haltung treu zum Glauben und zur Kirche zu stehen. Dazu gehört auch die Einsicht, dass diese Gruppe gerade in ihrer mittleren Verbundenheit eine wichtige Rolle für die gesamte Kirche innehat. Denn eine Orientierung an ihnen kann die Kirche zugewandt und vielfältig halten, mit Neugier auf die Fernen und Fremden, kulturell eingebettet in die Gegenwart. Weiter zu bedenken ist in dieser Hinsicht schließlich die grundsätzliche Frage, ob eine Kirche die persönliche Frömmigkeit ihrer Mitglieder als Stabilisierung des je eigenen Glaubenslebens überhaupt fördern kann und (wenn ja) welche Maßnahmen sich dazu eignen.

Nicht außer Acht gelassen werden sollte schließlich der für die protestantischen Kirchen typische Bildungsbias: So korreliert beispielsweise das Interesse an evangelischen Gottesdiensten deutlich stärker mit Bildungsaffinität als mit Geselligkeit und mit Traditionalität. In der evangelischen Großkirche wirkt der Bildungsfaktor außerordentlich stark – als passend für die einen und abstoßend für die anderen. Es fehlen für weniger bildungsaffine Menschen Formen des Erkennens und Erlebens von Religion im Alltag. Für das künftige Handeln der Kirche sind deshalb v.a. solche Bildungssettings von besonderer Bedeutung, die eben nicht Settings klassischen Lernens und abstrahierender Bildung benutzen. Für diejenigen Instanzen, die in der Kirche die Angebote entwickeln und Entscheidungen treffen, ergibt sich die Notwendigkeit, Ideale zu hinterfragen, die doch oft sehr auf (die eigene) Bildungsaffinität ausgerichtet sind. Das ist etwa dort der Fall, wo „religiöse Kommunikation" mit wörtlich-reflexivem Austausch über Religion gleichgesetzt oder wo die Anstrengung für ein Bewahren der Tradition anspruchsvoll-bildungsorientiert ausgerichtet ist.

Weitere Perspektiven für die kirchenleitende Praxis verbinden sich mit dem bereits genannten Ansatz einer polyzentrischen Kirchenentwicklung, die der Pluralität von sozialen Praxen der Mitglieder Rechnung trägt. Man wird hier keinesfalls unterschiedliche Gruppen gegeneinander ausspielen oder mit unterschiedlicher Wertigkeit versehen. Stattdessen gilt es, Räume für eine selbstgewählte Form der religiösen Praxis zu öffnen und damit zu rechnen, dass sich Nähe und Distanz zur Kirche in unterschiedlichen biografischen Situationen variabel konstellieren. So legt es sich nahe, engagierte Hochverbundene in ihrer bewussten Entscheidung für das Engagement zu fördern und ihnen Räume für wirksame Mitgestaltung zu öffnen. Gefördert werden sollte aber auch die Außenorientierung der Hochverbundenen in dem Bewusstsein der Ausstrahlung eines kirchenverbundenen Glaubens, der einladend und faszinierend wirken kann. Im Vertrauen auf diese Strahlkraft sind diejenigen, die etwas oder kaum mit der Kirche verbunden sind, als selbstbewusste Gestalter ihrer Kirchenmitgliedschaft zu schätzen und zu stärken.

4. Literatur

Bedford-Strohm Heinrich/Jung, Volker (Hrsg.), Vernetzte Vielfalt. Kirche angesichts von Individualisierung und Säkularisierung, Gütersloh 2015.

Huber, Stefan, Religions- und kirchensoziologische Perspektiven, in: Kunz, Ralph/Schlag, Thomas (Hrsg.), Handbuch für Kirchen- und Gemeindeentwicklung, 2014.

Hubertus Schönemann

„Vom Ehrenamtsmanagement zur Volk-Gottes-Sensibilität"

Charismen verändern Kirche

1. Ausgangsbedingungen

Die gesellschaftlichen Rahmenbedingungen für Glaube und Christentum ändern sich seit einiger Zeit radikal. Es gibt – religionssoziologisch gesprochen – neue Parameter in der „Konstruktion der religiösen Identität". Man kann die Schwächung der religiösen Institutionen (Entkirchlichung), aber auch das Überdauern bestimmter Formen populärer Religiosität, insgesamt die Aufsplitterung des Religiösen in unserer Gesellschaft beobachten. Dies führt zu neuen Typen der Gemeinschaftsbildung und erfordert neue Verfahren zur Legitimierung des Glaubens. Dabei ist festzuhalten, dass die (Spät- oder Post-)Moderne selbst der Boden ist, auf dem diese Phänomene wachsen. Es scheint also, als ob es derzeit neue „Auslegungen" des Christlichen braucht. Immerhin: Das Christentum hat sich immer in interkulturellen Austauschprozessen realisiert, in diesem Sinne sich selbst „neu erfunden", um seinem Ursprung treu zu bleiben. Können wir die aktuelle Situation als Chance einer derzeit neuen Inkulturation des Evangeliums sehen?

Die herkömmliche Realität von Kirche ist derzeit und vielerorts davon geprägt, dass in den Gemeinden immer weniger Menschen und mehrheitlich bestimmte Menschen „andocken" („Milieuverengung"). Das leitende Bild ist dabei oft (noch) der Verein oder die Familie. Jeder muss eigentlich jeden kennen, man weiß, wer dazugehört (und wer nicht), es gibt bestimmte Codes (Verhalten, Äußeres, Lebensstile, Gestaltungen), die Schwerpunkte liegen zumeist auf (bestimmten) Gottesdiensten und geselligen Veranstaltungen. Die sogenannten „Aktiven", also die im herkömmlichen Paradigma das Ganze tragen und durch Organisieren und Engagement am Laufen halten, werden immer weniger und immer älter, es ertönt der Ruf nach „Neuen", die in die Aufgaben der „Alten" hineinwachsen (klassisches „Ehrenamt" zur Weiterführung der bisherigen Aufgaben). Dazu gehört klassisch, dass die Leitung der Gemeinde über die Aufgabenschwerpunkte überlegt und entscheidet und (dann) Ehrenamtliche zur Durchführung der Aufgaben gesucht werden (Aufgabenorientierung). Immer noch sind viele kirchliche Aufgaben und Tätigkeiten eine Domäne und ein Monopol von Hauptberuflichen.

2. Theologische Grundlagen

Die Kirche ist kein Selbstzweck, sondern soll Raum schaffen und deutend und erschließend auf das vorgängige Handeln Gottes hier und heute hinweisen (Missio Dei). Die Anglikaner sagen: Es ist nicht die Kirche Christi, die eine Mission hat, sondern vielmehr ist es die Sendung Christi, der sich dazu einer Kirche bedient. Der Kirche gehören zunächst in einem formalen Sinne die Getauften an (in Deutschland zusätzlich noch durch die Zugehörigkeit zur Körperschaft des Öffentlichen Rechts markiert), im „Grenzbereich" auch aus Nicht-Getauften. Natürlich reicht eine formale Mitgliedschaft nicht aus, vielmehr geht es darum, das Angebotene zu ergreifen und den Ruf Gottes in den Glauben (Berufung) auf je konkrete Weise im Leben zu beantworten und umzusetzen (Nachfolge). Das Evangelium als Botschaft von der angebotenen Gemeinschaft mit Gott in Jesus Christus ist potenziell an jeden Menschen gerichtet. Daher ist Kirche nicht primär „Versorgung" oder „Betreuung" der Mitglieder durch Profis, sondern das *Gottesvolk*, dessen Glieder versuchen, in ihrem Lebensumfeld etwas von diesem Evangelium Gestalt werden zu lassen und ihr Leben nach dem Beispiel Jesu Christi auszurichten (Nachfolge, Jünger-Sein). Das Gottesvolk als Gemeinschaft der Getauften und der „Assoziierten" ist Subjekt des Kirche-Seins und der Pastoral. Hinzu kommt, allerdings ist dies sekundär, dass angesichts der finanziellen und personellen Situation die Zukunft der Kirche auch aus ressourcenpraktischen Gründen nicht hauptberuflich, sondern zunehmend *freiwillig* getragen sein wird. Dem kommt ein Trend in unserer Gesellschaft entgegen, der sich (zumindest außerkirchlich) andeutet: Viele Menschen wollen sich tatsächlich freiwillig engagieren, aber nur, wenn sie dabei selbst wachsen und reifen können (Erfahrungen, Begleitung, Fortbildung) und wenn sie in solchen Bereichen tätig werden, die sie als ihre „Berufung" empfinden. Sie wollen mitbestimmen und auf ihre Weise Beteiligung (Partizipation) gestalten. Damit kommt etwas ins Spiel, das in theologischen Kategorien *Charisma* genannt wird. Das Charisma eines Menschen sind nicht nur Fähigkeiten und Fertigkeiten im engeren Sinne, sondern ist eine Gabe, die im Menschen angelegt ist und die er entwickeln (lassen) kann. Theologisches Ziel des Charismas nach Paulus: „damit es anderen nützt"(1 Kor 12,7). In den Charismen zeigt Gott seiner Kirche, wie er sie sich vorstellt, und Kirche „schenkt". Die „Missio Dei" verleiblicht sich. Die Berufung durch Christus und die (Lebens-)Antwort darauf kann viele unterschiedliche Formen annehmen. Das verändert den Blick auf Kirche von einer Organisation, die bestimmte Aufgaben durchzuführen hat, zu einer Gemeinschaft, die von Gott her zusammengebracht ist (Sammlung), um dem Gottesreich den Weg zu bereiten oder mitzuhelfen, dass es Gestalt gewinnen kann (Sendung).

3. Konsequenzen

Die geschilderten Rahmenbedingungen haben in der jüngeren Vergangenheit in einem ersten Schritt zu einer Verstärkung der Unterstützung von Ehrenamtlichen und der *Freiwilligenkoordination* in vielen Landeskirchen und Bistümern geführt. Kirchliche Ehrenamtsbörsen und das zunehmende Bewusstsein, Ehrenamtliche gewinnen, fördern und begleiten zu wollen und zu sollen, hat zur Bereicherung des kirchlichen Auftrags geführt. Gleichzeitig muss gefragt werden, ob viele Initiativen dieser Art nicht immer noch dem herkömmlichen Paradigma von der Aufgabenorientierung verpflichtet sind, also etwas despektierlich ausgedrückt: „Frischfleisch" für eine kirchliche Organisation, die sich ansonsten aber nicht recht verändern will. Ein weiterer Schritt, der sich erst zögerlich andeutet, weil er mit viel Mut, dem Aufgeben von herkömmlichen Bildern und dem Zulassen von neuen „Inkulturationsformen des Christlichen" verbunden ist, ist die Umkehr von einer Aufgabenorientierung zu einer *Charismenorientierung*. Kirche gestaltet sich darin durch die Charismen in neuer Weise.

Entscheidend ist bei diesem Prozess, dass hier die Grundlagen des Kirche-Seins neu gesetzt und wertgeschätzt werden und sich ein erneuerter „Stil" durchsetzt, der den veränderten Rahmenbedingungen des Christlichen Rechnung trägt. So wird die (gemeinschafts- und identitätsbildende) Funktion der geteilten *Erfahrung* („sharing"), der direkten

Kommunikation und des *punktuellen oder phasenweisen Engagements* immer wichtiger. Das Ernstnehmen der prinzipiell *individuellen Konstruktion* der Glaubenskontinuität (Identität als Identifikationsweg: „meine Lebensgeschichte als Geschichte mit Gott erzählen“) ermöglicht grundsätzlich jedem, sich mit auf den Weg zu machen, um die *Lebensrelevanz* des gemeinsamen Glaubens neu erfahren zu können. Glaubensvergewisserung oder -validation wird sich sicherlich von der „institutionellen“ zur „*wechselseitigen*“ Art und Weise entwickeln. Sie wird so zur bewusst gemachten Antwort (Glaubens-ver-antwort-ung, vgl. 1 Petr 3,15) des Lebens. In diesem Sinne kann „Weitergabe“ des Glaubens nur so verstanden werden, weil er nur im Modus von Geben und Nehmen gelebt und geteilt werden kann, nicht weil eine Generation das „Paket“ an die nächste weitergibt. Der Glaube wird so immer mehr vom (selbstverständlichen) Erbe zum (nicht-selbstverständlichen) Angebot als einer hoffentlich attraktiven Option für das Leben von Christen und für andere. Kirchliche Hauptberufliche haben in diesem veränderten Rahmen den Auftrag, diese Charismen entdecken zu helfen („Dienst an den Diensten“): Ordinierte und hauptberufliche pastorale „Laien“dienste werden und müssen sich vom Seelsorge-Profi über das Ehrenamtsmanagement zur Volk-Gottes-Sensibilität entwickeln. Um Missverständnissen vorzubeugen: Natürlich wird und muss es in einer Kirche, die in einer Gesellschaft mit hohem Bildungsgrad anschlussfähig sein will, auch Professionalisierungen (Krankenseelsorge, Bildungsbereich, Kultur ...) geben, sie sind jedoch zunehmend vom Dienst am Zeugnis des gesamten Gottesvolkes zu begreifen und zu füllen.

Anfänge zu einer solchen charismenorientierten Sicht auf Kirche zeigten sich zunächst in freikirchlichen Bereichen, so die Seminarmaterialien von Willow Creek (D.I.E.N.S.T.)

und Christian A. Schwarz (Drei Farben deiner Gaben). Silke Obenauer, Pfarrerin der Ev. Landeskirche in Baden, hat diese Ansätze zu den Kursen „Mitarbeiten am richtigen Platz" und „Ich bin dabei" weiterbearbeitet. Für eine erfolgreiche charismen- bzw. gabenorientierte Arbeit erscheint es nach Obenauer notwendig, dass die Leitung die Charismenkurse in der Sache unterstützen, dass die Charismenseminare nicht als Seminare zur Mitarbeitergewinnung für die Gemeinde missverstanden werden (hierbei gibt es scheinbar deutliche Differenzen zwischen US-amerikanischen, v. a. freikirchlichen Ansätzen, die ganz klar auf „Mitarbeitergewinnung" abzielen) und immer eine langfristige Perspektive (mehrere Jahre) angelegt wird, um einen entsprechenden Kulturwandel in den Gemeinden zu realisieren, so dass eine Achtsamkeit für vorhandene Charismen entsteht.

Der Wandel von Kirche kann in diesem Sinne auch als ein Ausbau dessen begriffen werden, was in der Potenzialität der Kirche, so wie sie vom Evangelium Gottes her verstanden wird, angelegt ist. Es geht weniger um ein Abschiednehmen von Kirche insgesamt als vielmehr von einer geschichtlich gewachsenen Gestalt und Selbstverständlichkeit von Vollzügen, Stilen und Praktiken, die so nicht unbedingt mit dem Wesen des Evangeliums und der Kirche gleichgesetzt werden dürfen. Dieser Prozess der Veränderung im Rahmen einer göttlichen Pädagogik – denn ein geistlich geprägter Zeitgenosse wird davon ausgehen, dass Gott seinem Volk diesen Lernprozess zumutet – erfordert Mut, Loslassen-Können und Visionen, kann aber die Kirche(n) zu einer vertieften Sicht und Innovation ihres eigenen Auftrags und ihrer Praxis führen.

4. Literatur und Praxisbeispiele

Bücher

Hennecke, Christian/Viecens, Gabriele, Der Kirchenkurs. Wege zu einer Kirche der Beteiligung. Ein Praxisbuch, Würzburg 2016.

Hybels, Bill/Bugbee, Bruce/cousins, Don, D.I.E.N.S.T. Entdecke dein Potenzial, Asslar 2011.

Obenauer, Silke und Andreas, Ich bin dabei. Gaben entdecken, Akzente setzen, Welt gestalten, Asslar 2011.

Schwarz, Christian A., Die 3 Farben deiner Gaben. Wie jeder Christ seine geistlichen Gaben entdecken und entfalten kann, Emmelsbüll-Horsbüll 2013[11].

Elektronische Quellen

Bistum Münster, Pastoralplan (2015) unter <http://www.pastoralplan-bistum-muenster.de/sonderseiten/start>.

Erzbistum Hamburg, Grundlagenpapier zur Entwicklung Pastoraler Räume unter <http://www.erzbistum-hamburg.de/ebhh/Erzbistum/Pastorale_Raeume>.

Erzbistum Köln, Charismen entfalten – Gemeinde/n gestalten unter <http://www.erzbistum-koeln.de/export/sites/erzbistum/erzbistum/bistumsverwaltung/hauptabteilungen/personal/aus_und_weiterbildung/artikel/category_a/Charismen_entfalten_Gemeinde_gestalten-Ausschreibung.pdf>.

Erzbistum Paderborn, Zentrum für angewandte Pastoralforschung (ZAP) Bochum, Die Taufberufung als Referenzgröße zukunftsweisender Bistumsentwicklung unter <http://www.zap-bochum.de/ZAP/forschen/partizipation/die-taufberufung-als-referenzgroesse-zukunftsweisender-bistumsentwicklung.php>.

Ev. Landeskirche in Baden, Kurs „SMS – So macht Mitarbeiten Spaß. Entdecke deine Begabungen und setze sie ein! Kurs für Jugendliche“ unter <http://www.ekiba.de/html/content/gabenorientierte_gemeindearbeit.html>.

Institut für Engagementförderung, Ev.-luth. Kirchenkreis Hamburg, Materialien/Kurse des „Reich beschenkt“ unter <http://ife-ham burg.de/2-webseite/44-reich-beschenkt-die-eigenen-staerken-entdecken>.

Kath. Arbeitsstelle für missionarische Pastoral, euangel Themenheft „Begabung und Leitung“ unter <http://www.euangel.de/aus gabe-1-2015>.

Katholische Frauengemeinschaft Deutschlands (kfd), „Charismen leben – Kirche sein“ 2005 unter <http://www.kfd-bundesverband .de/fileadmin/Bilder/Projekte/Charismen_leben/Charismen_Pro zesserlaeuterung_neu.pdf>.

Raum der Hoffnung, Kassel-Vellmar, Hl. Geist unter <http://www. bistum-fulda.de/vellmar/religioeses/raumderhoffnung.php?nav id=458449458449>.

Siena Institut, „The Called and gifted Discernement Process“ des Catherine of Siena Institut, Colorado Springs, CO, USA unter <http://www.siena.org>.

Praxisbeispiele

Best Practices 2015, Talente entdecken und fördern.

Kirchenkurs „Gaben leben“ im Bistum Hildesheim und im Erzbistum Hamburg.

Thomas Schlegel

Umbau – Rückbau – Aufbau

Eine dialektische Verhältnisbestimmung

1. Umbau als kirchliches und gesellschaftliches Thema

Umbau, das ist eine Vokabel, mit der man sich vertraut machen sollte, wenn man in der Evangelischen Kirche in Mitteldeutschland arbeitet. Denn nachdem Landesbischöfin Ilse Junkermann im Frühjahr 2012 diesen Begriff gesetzt hatte[1], rekurriert man darauf bei ganz unterschiedlichen Veränderungsprozessen: Modellprojekte in der Familienarbeit, Strukturanpassungen im Kirchenamt, Budgetierung im landeskirchlichen Haushalt usw. Immer wieder höre ich dann: „Wir müssen doch umbauen!"

Was hatte die Landesbischöfin motiviert, diesen Terminus zu prägen? Es waren Wahrnehmungen und Berichte über die Situation, in die Ordinierte entsandt werden – Ehren- wie Hauptamtliche: Die Arbeit nimmt zu, bewährte Konzepte greifen nicht mehr und neue Bilder kirchlicher Arbeit fehlen weitgehend. Eigentlich könnten so die Hauptberuflichen ihren Verpflichtungen, die sie versprochen hätten, „gar nicht ernstlich nachkommen"[2].

---

1 ILSE JUNKERMANN, „Ihr alle seid durch die Taufe berufen ...!". Bericht vor der Landessynode der EKM, Frühjahr 2012, zu finden unter http://www.ekmd.de/attachment/aa234c91bdabf36adbf227d333e5305b/1e19d9f8ebba90a9d9f11e187cb39de860720a920a9/Bericht_der_LB_Fruehjahrssynode_2012.pdf.

2 A. a. O., 18. Das ganze Zitat lautet: „Wie können wir also unsere Hauptberuflichen weiter einigermaßen guten Gewissens in Situationen schicken, in denen sie diesen Verpflichtungen, die sie versprechen, aufgrund der Struk-

Neben diesen personalpolitischen Herausforderungen sind es natürlich Demografie und Säkularität, weshalb „ein weiterer Rückbau nicht mehr zu tragen und verkraftbar sein wird. Dass vielmehr ein richtiger Umbau nötig wird."[3] Gemeinde müsse neu gedacht werden – und neue Gemeinden müssen denkbar sein. Statt Rückbau fordert sie Umbau: „Es braucht Mut zu Neuem. [...E]s braucht konzeptionelle Klärungen – nicht nur Einschnitt und Rückbau, es braucht Umbau und ein Bild davon."[4]

Umbau statt Rückbau: Eine kurze Recherche fördert zutage, dass diese Logik recht häufig gebraucht wird: Prominent – und in Mitteldeutschland auch hinreichend bekannt – bediente sich die Internationale Bauausstellung IBA 2010 dieser Terminologie. Sie hatte in 19 Städten 19 Themen und Konzepte angeregt und stand unter dem markanten Motto: „Weniger ist Zukunft". Ziel war ein „aktiver Umgang mit der Situation des Schrumpfens und des demografischen Wandels"[5] – und wollte daran die Bürger an vielen Stellen beteiligen. Reiner Haseloff zieht nach acht Jahren Bilanz und sagt: Diese Gestaltung des Rückgangs ist in der IBA geglückt, weil „sie bei der Verwirklichung der Ideen und Konzepte zum Rückbau und zur Umgestaltung der Städte die Bevölkerung mitgenommen hat". Damit sei sie „quasi Vorreiter für andere gesellschaftliche Bereiche, in denen wir uns ebenso kreativ

---

turen und Gegebenheiten gar nicht ernstlich nachkommen können! Dann heißt es: neu denken."

3 A. a. O., 27.

4 A. a. O., 31.

5 Karl-Heinz Daehre, Vorwort, in: Internationale Bauausstellung Stadtumbau Sachsen-Anhalt 2010, Weniger ist Zukunft, 19 Städte – 19 Themen, Katalog zur gleichnamigen Ausstellung in der Stiftung Bauhaus Dessau, hrsg. v. Ministerium für Landesentwicklung und Verkehr des Landes Sachsen-Anhalt, Berlin 2010, 14–16, hier 14.

den Folgen des demografischen Wandels stellen müssen".[6] Es sei der IBA also geglückt, was die Evangelische Kirche in Mitteldeutschland noch vor sich hat: dass die Bewegung des Rückbaus zum Aufbau geführt hat und sich damit ein richtiger Umbau ereignet hat.

Auch im Bereich der Wirtschaft bedient man sich dieses Konzepts: Fredmund Malik hat den ›Konzernumbau‹ von Siemens unter die Lupe genommen. Dieser sei nicht nur wegen interner Probleme herausfordernd, sondern besonders wegen der gesellschaftlichen Situation ungeheuer komplex. Herkömmliche Managementstrategien würden deshalb versagen. Er schreibt: „Wir erleben derzeit die ‚Geburtswehen' einer buchstäblich neuen Welt, die anders funktioniert und eine andere Grundordnung hat als die alte." Der Artikel lautete „Auf ins Ungewisse"[7] – weil unklar ist, wie das Neue aussieht, aber dass es komme, ist sich Malik sicher. Das Ende bisheriger Wege führt zum Entstehen neuer. Kirchentheoretisch gewendet: Durch Schrumpfen entsteht eine andere, neuartige Kirche – von Institution zu Organisation, von Volkskirche zu Beteiligungskirche?!

Umbau = Neuaufbau im Rückbau – so könnte man diese Logik ganz kurz zusammenfassen. Und in ihrer Stringenz leuchtet sie sofort ein: Wo etwas endet, beginnt Neues. Das kann jeder nachvollziehen – und doch möchte ich davor warnen, darin einen Automatismus zu sehen. Zumindest in kirchlichen Reformprozessen halte ich eine kausale Verkoppelung von Rückbau und Aufbau für irreführend: als würde immer da, wo Kräfte und Präsenz schwinden, von selbst

6 Persönliche Botschaften der Landesregierung Sachsen-Anhalts zur IBA Stadtumbau 2010, in: A. a. O., 17 f., hier 17.

7 FREDMUND MALIK, Auf ins Ungewisse, Mit herkömmlichen Managementmethoden werden Konzerne in der digitalen Transformation untergehen, in: DIE ZEIT 21/2014 vom 15. Mai 2014, 26.

Neues entstehen. Aus verschiedenen Gründen halte ich sie für zwei verschiedene Vorgänge.

2. Rückbau ist kein Aufbau

1) Rückbau bezieht sich – wie der Name schon andeutet – auf Strukturen. Entweder Gebäude- oder Pfarrstellen- oder Gemeindestrukturen. Es wird vergrößert, gestrichen oder eben abgerissen. Die Versorgung wird an weniger Nutzer angepasst; aber damit entsteht keine neue Kirche. Aufbau der Kirche ereignet sich, wenn Menschen vom Evangelium berührt werden, sie sich taufen lassen und das Brot brechen, oder systematisch-theologisch formuliert: Wort und Sakrament, in der Gemeinschaft mit-geteilt, sind die konstitutiven *notae ecclesiae*.[8]

Die Verringerung der Pfarrerzahlen in der Fläche oder die Zusammenlegung von Gemeinden oder das Streichen von Referaten im Landeskirchenamt führt nicht zum Aufbau der Kirche. Denn dieses bezieht sich auf Strukturen – jenes hat eine geistliche Basis. Mit einem anderen ekklesiologischen Bild möchte ich diese These verdeutlichen: Nehmen wir mit Eberhard Hauschildt an, dass Kirche aus den Elementen Organisation, Institution und Bewegung besteht[9], dann be-

8 Auch wenn CA VII auf das Geheimnis verweist, das Kirche wachsen lässt – als magischen Automatismus sollte man diesen Verweis nicht missverstehen. Denn das hieße, dass man nur die Anzahl der Gottesdienste aufrechterhalten müsse. Das Besucherverhalten in manchen ländlichen Regionen zeigt, dass man mit dieser Strategie auf dem Weg zu einer von den Reformatoren kritisierten Praxis wäre: den mittelalterlichen Winkelmessen. Denn es fehlt in manchen Dörfern schlicht die Gemeinde.

9 Vgl. dazu Eberhard Hauschildt/Uta Pohl-Patalong, Kirche, in: Lehrbuch Praktische Theologie 4, Gütersloh 2013, 216–219.

trifft der Rückbau die Organisation der Kirche; sie wächst allerdings immer als Bewegung. Aufbau und Rückbau beziehen sich also auf verschiedene Segmente des „Hybrids Kirche“ und sind deshalb indirekt, aber nicht direkt miteinander verbunden.

2) Rückbau ist ein rückwärtsgewandter Prozess: Die Strukturen werden an weniger Nutzer angepasst. Sie hinken damit dem Leben, das bereits gewichen ist, nach. Die weniger werdenden Pfarrstellen und die Zusammenlegung von Gemeinden sind Folgen einer schwindenden Vitalität in den Gemeinden. Die Blickrichtung ist die Vergangenheit.

Eine Analogie aus der Botanik kann dies verdeutlichen: Wenn ein Baum stirbt – also der Lebenssaft aus ihm schwindet, bleibt das Gehäuse (die äußere Struktur) zunächst stehen: Erst fallen Zweige, dann Äste, schließlich der Stamm. Dies beobachte ich seit Jahren in unserem Gartengrundstück in Weimar: Dort steht eine japanische Kirsche, wunderschön im Frühjahr von rosa Blüten und hellroten Knospen übersät. Von einer Seite her allerdings krankt der Baum. Sichtbar wurde dies zunächst an den trockenen Blättern, die bald abfielen; dann wuchsen dort keine Blätter mehr; schließlich fielen die dünnen Zweige auf den Fußweg, der darunter entlangführt; inzwischen ist ein ganzer Teil des Baumes betroffen: Aber der knorrige Ast trotzt noch den Herbststürmen und dem Winterfrost. Wie lange noch? Vielleicht werde ich den Ast bald zurückbauen – damit er niemanden verletzt. Er ist funktionslos geworden.

Obwohl diese Geschichte nur eine Metapher ist, hilft sie zu verstehen: Strukturen sind träge und Rückbau ist ein rückwärtsgewandter Prozess. Aufbau hingegen ist visionär. Er geschieht auf ein Ziel hin – und es ist das Leben, das Strukturen benötigt und hervorbringt und nicht umgekehrt: Aus Strukturen entsteht kein Leben.

3) Sicher begründet diese Blickrichtung auch den dritten Punkt, den ich hier anführen möchte, um zu zeigen, dass Rückbau mit Aufbau wenig gemein hat. Rückbau heißt Sterben sehen und Abschied nehmen. Rückbau ist Trauer und verursacht Schmerz. Es ist ein Prozess mit negativen Gefühlen. Wenn immer weniger in den Gottesdienst kommen, die Gemeinde kaum noch auf Kyrie Eleison antworten kann oder der Chor einfach keinen Nachwuchs findet, verbreitet sich eine depressive Grundstimmung, die mit dem Optimismus eines Aufbaus wenig gemein hat.

Als ich neulich bei einem befreundeten Ehepaar in einem sehr entlegenen Teil Thüringens zu Mittag aß, erzählte sie mir von ihrem Alltag als Pfarrerin mit zwölf Dörfern: die vielen, kleinen Gottesdienste; die maroden Gebäude – überall greise Leute. Da ich sie als optimistische Kollegin mit offenem, missionarischen Herz kenne, fragte ich auch danach: Sie erzählte von einigen offenen Türen bei konfessionslosen Familien. Sie machte aber auch klar: „Ich habe dazu keine Zeit. Ich müsste mich dem widmen – ich schaffe es einfach nicht; mein Dienst erschöpft sich oft in dem Versuch, die Menschen ein bisschen aufzumuntern, ihnen Mut zum Alltag zu machen."... Und wer macht der Pfarrerin Mut? Wer baut sie auf? Rückbau ist ein entmutigender, trauriger Prozess, und ich finde es mitunter zynisch, dieses Sterben als das Entstehen einer neuen Kirche zu verklären.

3. ... und doch entsteht beim Schrumpfen Neues

Dennoch erleben wir mitunter genau das: dass dort, wo vieles zusammenbricht, Neues aufbricht. Dass in den schrumpfenden Regionen sich zaghaft eine neue Gestalt von Kirche andeutet. Dass in allem Rückbau eben Aufbau stattfindet – wie anfangs erwähnt, zeigt sich das auch in anderen gesellschaftlichen Bereichen, zum Beispiel *schrumpfenden Städten.* Sie seien „vielfach Ausgangspunkt für kulturelle Innovationen“[10]. Wie das Institute of Popular Music von der Uni Liverpool herausfand, waren die Industriebrachen im Manchester der 1970er Jahre Geburtsort des „Post Punk“, einem Stil, der den Strukturwandel der Stadt maßgeblich beförderte.[11]

An einem anderen Institut, dem Greifswalder Institut zur Erforschung von Evangelisation und Gemeindeentwicklung (IEEG), haben wir uns ebenfalls diesem Phänomen zugewandt. Denn mit dem wissenschaftlichen Fokus auf den peripheren ländlichen Raum, der demografisch z. T. massiv austrocknet und voller Probleme steckt, stießen wir immer wieder auf Hoffnungsvolles: Hier und dort gab es erstaunlich frische, vitale und neue Ideen von Kirche, die sogar Außenstehende zu erreichen vermochten. Unsere Frage war dann genau die, die auch in der Umbauthematik und in diesem Referat zentral ist: *Wie hängen Rückbau und Aufbau eigentlich zusammen?* Wie kommt es, dass dort, wo die Voraussetzungen für Erneuerung denkbar schlecht sind (eine dünne hauptamtliche Decke, kleine, überalterte Gemeinden, eine hohe Gebäudelast), sie sich dennoch einstellt?

Ein Beispiel für die innovative Kraft der Peripherie sind die kleinen Gottesdienstformate ohne Hauptamtliche. Ursprünglich aus der Versorgungslücke in den großen Pfarrbereichen gewachsen, haben sie sich längst aus dem Lückenbüßerstatus gemausert und werden als liturgische Zukunftsmodelle gefeiert.[12]

---

10 <http://www.shrinkingcities.com/kultur_schrumpfen.0.html>.

11 Vgl. <http://www.shrinkingcities.com/uploads/media/Erste_Projekte.pdf>.

12 Als ein Vorreiter mit Modellcharakter gilt die Gemeindeagende des Kirchenkreises Egeln, die bei der Zukunftswerkstatt der EKD 2009 in Kassel den Publikumspreis gewann.

Diese und elf weitere Innovationen hat sich ein Team vom IEEG näher angeschaut, besucht, verschiedene Interviews geführt, Dokumente ausgewertet und verglichen. Ich möchte nun einige Aspekte nennen, die wir in unserer Landaufwärtsstudie[13] herausgefunden haben – mit dem speziellen Fokus auf die Frage, wie *Rückbau und Aufbau eigentlich zusammenhängen.*

4. Zum Zusammenhang von Rückbau und Aufbau (I)

1) Durch den institutionellen Rückbau entsteht bei gleichbleibenden Erwartungen/Bedürfnissen in den ausgedünnten Gebieten ein *Druck*, Dinge anders bzw. neu zu regeln und zu organisieren. Veränderungen, das weiß man aus dem Change-Management, benötigen Veränderungsdruck[14], und soziale Innovationen entstehen „bei zunehmender Dysfunktionalität etablierter Praktiken“[15].

2) Durch die Ausdünnung der Infrastruktur entsteht *Freiraum*, Dinge anders zu machen. Es war in einigen Beispielen überdeutlich, dass an den Orten kaum eine kirchliche Infrastruktur vorhanden war, als man das Projekt begann. In einem der größten und finanzstärksten, die wir besucht haben, war keine der sieben Kirchen gottesdienstlich nutz-

---

13 Freiraum und Innovationsdruck. Der Beitrag ländlicher Kirchenentwicklung in „peripheren Räumen“ zur Zukunft der evangelischen Kirche, hrsg. v. Kirchenamt der EKD, Leipzig 2016.

14 Vgl. dazu Christhard Ebert, Veränderungsprozesse, (ZMiR-Klartext), Dortmund 2011.

15 Jürgen Howaldt/Michael Schwarz, Soziale Innovation – Konzepte, Forschungsfelder und -perspektiven, in: Jürgen Howaldt/Heike Jacobsen, Soziale Innovation. Auf dem Weg zu einem postindustriellen Innovationsparadigma, Wiesbaden 2010, 87–108, 90.

bar; das Pfarrhaus nicht mehr bewohnbar. Im Konsistorium meinte der junge Pfarrer wörtlich: „Ich will mich da mal probieren", und er berichtet davon, dass die Leute für alles dankbar waren. Die soziologische Theorie bestätigt, „die Diffusionschancen sozialer Innovationen sind in der Regel dort am größten, wo etablierte Institutionen nicht oder nur marginal agieren"[16].

3) Durch die Ausdünnung vergrößert sich der *Bedarf an Kooperation und Zusammenarbeit.*[17] In der Regel waren die Schlüsselpersonen in den untersuchten Projekten Netzwerktypen: Sie investierten viel Energie darin, Ehrenamtliche zu finden, zu motivieren und mit Vertretern aus Politik und Zivilgesellschaft zu kommunizieren. Von solchen Brückenschlägen und jenen Vergemeinschaftungen profitierten die Gemeinden; sie waren Quelle für Wachstum und Neuausrichtung.

4) Durch die schwindende hauptamtliche Präsenz steigt die *Verantwortung der Ehrenamtlichen*, was die Kirche reicher und bunter macht. Freilich waren die Projekte vielfach auf (hauptamtliche) „Heroes"[18] abgestellt: Aber ihre Stärke bestand darin, dass sie Christen aufgebaut und ihnen Verantwortung gegeben haben. In allen Projekten bildeten sich Teams, wo man miteinander auf Augenhöhe agierte und gabengemäß arbeitete. Das „Wir-Gefühl" war geradezu ein Charakteristikum der Mitarbeitenden-Teams.

5) Die Abbrüche des Umfeldes; die soziale und geistliche Not im Schrumpfungsprozess provozierten und stimulier-

---

16 A. a. O., 93.

17 THOMAS SCHLEGEL, Integration und Partizipation als Herausforderung ländlicher Räume, in: Lebendiges Zeugnis 68/1 (2013), 43–51.

18 EGLĖ BUTKEVIČIENĖ, Social Innovations in Rural Communities, Methodological Framework and Empirical Evidence, Social Sciences/Socialiniaimokslai Nr. 1 (63), Kaunas 2009, 80–88; BUTKEVIČIENĖ, Social Innovations, 81.

ten die *Visionen der Akteure*. Oft war dies die Ursache, die Verantwortliche initiativ hat werden lassen, weil die vorfindliche Wirklichkeit mit ihren Vorstellungen, wie die Realität sein sollte, nicht zusammenpasste. So wurden die Projekte, die gezielt an Jugendliche gerichtet waren, deshalb initiiert, weil es keine kommunale Jugendarbeit mehr gab. Wäre die soziale Infrastruktur vor Ort noch nicht zurückgebaut worden, wäre dieser neue Arbeitszweig nicht gewachsen.

6) Durch den Rückbau und manchen damit einhergehenden, schmerzlichen Verlust tritt eine *Neubesinnung* ein. Das Fragen nach dem eigenen Auftrag, der Rolle und der eigenen Zukunft setzen ein. Die von uns untersuchten Beispiele wurzelten nicht selten in einer Krise: der Elbe-Flut, dem Angriff von rechtsextremen Jugendlichen oder dem gescheiterten Glaubenskurs. Fragen nach der eigenen Mission werden durch den Rückbau laut.

7) Durch eine zunächst notdürftige Praxis entstehen *neue Bilder*, die rasch zu Leitvorstellungen avancieren können. Verweisen kann ich hier auf die kleinen Gottesdienstformate oder die gestiegene Verantwortung Ehrenamtlicher vor Ort: Wo sie zum „Gesicht der Kirche" vor Ort werden, sich dieses bewährt, gewöhnt man sich daran, und eine neue Gestalt von Kirche wird sichtbar.[19] So stimuliert der Rückbau neue ekklesiale Bilder.

8) Durch die Not des Abbruchs müssen *radikalere Schritte* gegangen werden. Die Innovation wird fundamentaler sein, weil sie nicht am Bisherigen orientiert ist. Zur Illustration skizziere ich kurz die Entwicklung meiner Vikariatsgemein-

---

19 Dies wird besonders gut an der Bonner Schwesterstudie deutlich, die im ersten Teil der erwähnten Publikation zu stehen kommt: Freiraum und Innovationsdruck. Der Beitrag ländlicher Kirchenentwicklung in „peripheren Räumen" zur Zukunft der evangelischen Kirche, hrsg. v. Kirchenamt der EKD, Leipzig 2016.

de in München. Vor noch zehn Jahren waren dort fünf Pfarrerinnen tätig; inzwischen arbeiten dort drei. Dieser Rückgang führt aber nicht zu fundamentalen Einschnitten, höchstens zu Umschichtungen, Mehrarbeit oder Streichung einzelner Bereiche. Wenn etwas ganz abbricht, verlängert man das Vergangene nicht irgendwie in die Zukunft, sondern fängt neu an.

5. Zum Zusammenhang von Rückbau und Aufbau (II)

Jetzt kann ich verstehen, wenn Sie verwirrt sind. Erst habe ich die simplifizierende Rede von einem Umbau zu dekonstruieren versucht. Rückbau und Aufbau gehören nicht ursächlich zusammen, habe ich gesagt. Dann habe ich Argumente dafür gesammelt, wie sie aber doch zusammengehören, genauer: wie das eine das andere stimulieren kann. In dem letzten Halbsatz steckt schon die Antwort, die ich nach Anfertigung der Greifswalder Studie, Erfahrungen in der Evangelischen Kirche in Mitteldeutschland und der Lektüre analoger Phänomene geben kann: Durch den Rückbau werden Bedingungen geschaffen, die einen geeigneten, vielleicht sogar einen geeigneteren Rahmen für Neuaufbrüche darstellen, als dort, wo mehr oder weniger alles beim Alten bleibt.

Der Rückbau bietet also recht günstige Rahmenbedingungen für einen Aufbau, mehr aber nicht. Der Einfluss ist indirekt, nicht direkt. Man müsste also sagen: In den ausgedünnten Arealen ist es wahrscheinlicher, dass es zu sozialen Innovationen kommt, als dort, wo relative volkskirchliche Verdichtung herrscht. Es ist andererseits aber keineswegs zwingend, dass sich solche Aufbauprozesse dort ereignen. Sie passieren, aber nicht überall. Wir haben Orte besucht, wo der Rückbau einen Aufbau provoziert hat, also ein Umbau stattgefunden hat. Aber östlich, westlich, nördlich und südlich dieser Dörfer haben sie sich nicht ereignet. Die Orte, an denen einfach nur zurückgebaut wird, die frustrierten Ehrenamtlichen und ausgebrannten Hauptamtlichen haben keine Zeilen in unserer Tabelle besetzt. Es bleibt dabei: Rückbau ist Rückbau – und als solcher nicht zu verklären. Aufbau ist Aufbau – und wahrscheinlich bietet der Rückbau gute Rahmenbedingungen dafür: Dann könnte man von *Umbau* sprechen.

Aus diesen Beobachtungen möchte ich zwei kybernetische Schlussfolgerungen ziehen:

1) Rückbau und Aufbau müssen getrennt gesehen und geplant werden.[20] Es sind zwei separate Vorgänge: Leitendes Handeln in der Kirche muss beiden Prozessen Aufmerksamkeit schenken, sie professionell organisieren und Personal und Finanzen in sie investieren. Letzteres muss ich noch einmal unterstreichen: Energie, Personal und Finanzen in beide Bereiche investieren. Was den Rückbau angeht, so organisieren wir ihn kirchlicherseits mit recht viel Energie und Aufwand und teilweise auch sehr professionell. Es werden Strukturatlanten erstellt, Belastungsindizes für Pfarrstellen und Nutzungskonzepte für Gebäude. Moderatoren und Berater werden teuer eingekauft. Aber dies zu tun und dann zu hoffen, dass neue Aufbrüche oder auch nur Konsolidierung sichtbar werden, ist Illusion.

---

20 Gestützt wird diese These der separierten Betrachtungsweise von Aufbau und Rückbau z. B. durch die Gemeindebildungsprozesse in Poitiers: Dort investiert man gezielt in die Installation von Basisequipen neben der bisherigen Versorgungsstruktur: Diese läuft ungehindert weiter und wird – je nach Finanzlage – auch zurückgebaut (vgl. dazu Reinhard Feiter/Hadwig Müller [Hrsg.], Was wird jetzt aus uns, Herr Bischof? Ermutigende Erfahrungen der Gemeindebildung in Poitiers, Ostfildern 2012[5]).

Zum Umbau gehört, dass man auch dem Gehen neuer Wege ebensolche Aufmerksamkeit schenkt. Auf der Leitungsebene muss gefragt werden: Wo investieren wir gezielt in die Ausbildung Ehrenamtlicher? Wo machen wir Mut und Lust darauf, völlig neue Wege zu gehen? Wo stellen wir Hauptamtliche frei, Aufbauarbeit zu leisten? Welche Finanzmittel stellen wir für missionarische Projekte zur Verfügung? Welche alternativen Finanzquellen eröffnen wir? Um Aufbau zu ermöglichen, sollten Missionare und Diakone ausgesandt werden: nicht um Aktionen zu machen, sondern um Menschen zu sammeln und Gemeinde zu bauen. Neue Formen von Kirche, von denen wir noch nicht wissen, wie sie aussehen, können so gezielt gefördert werden ...

Das leitet über zu der zweiten Schlussfolgerung:

2) ... aber nicht systematisch geplant werden. Umbau lässt sich nicht zentral organisieren – Betonung liegt auf „zentral" und „organisieren". Das eine bedeutet den Ort, an dem es stattfindet, das andere die Handlung, die zu tun ist. Dagegen schlage ich vor: Umbau ereignet sich dezentral – er kann zentral nur begleitet werden.[21] Aus zwei Gründen: Wenn Rückbau tatsächlich Aufbau provoziert oder besonders günstige Rahmenbedingungen dafür liefert, dann wird der dort geschehen, wo der Rückbau am spürbarsten ist: an den Rändern. Dort, wo am meisten verdünnt wird und der größte

---

21 Verweisen möchte ich hier auf die Erfahrungen aus der anglikanischen Kirche mit den sogenannten fresh expressions of church. Diese waren nicht zentral geplant oder organisiert worden; im Gegenteil: Ihr Entstehen ereignete sich weitgehend unterhalb des kirchenleitenden Radarschirms. Erst nach und nach wurde man auf sie aufmerksam und porträtierte diese Entwicklungen in „mission shaped church" (vgl. die deutsche Version hrsg. von MICHAEL HERBST, Mission bringt Gemeinde in Form, Gemeindepflanzungen und neue Ausdrucksformen gemeindlichen Lebens in einem sich wandelnden Kontext, Neukirchen 2008[3]).

Freiraum und der größte Druck entstehen und ein radikaler Neuanfang möglich ist. Eben nicht in der Münchner Kirchengemeinde, sondern in der Region, wo die Pfarrerin nur noch selten hinkommt. Diesen Rändern sollte die Aufmerksamkeit der Leitungsebene gehören – aber nicht, indem sie dort etwas Neues selbst aufbaut, sondern dortige Akteure unterstützt, ihnen rechtliche Spielräume eröffnet, Pioniere gezielt dahin aussendet und das Ganze fachlich und geistlich begleitet – und gerne Fehler macht.

6. Zum Zusammenhang von Rückbau und Aufbau (III)

Otto Neurath, der Hauptvertreter des Wiener Kreises, prägte ein markantes Bild, das die Komplexität von Umbauprozessen illustriert: „Wie Schiffer sind wir, die ihr Schiff auf offener See umbauen müssen, ohne es jemals in einem Dock zerlegen und aus besten Bestandteilen neu errichten zu können.“[22]

Mag in den bisherigen Ausführungen der Eindruck entstanden sein, als seien Rückbau und Aufbau ganz separat zu projektieren und durchzuführen, so holt der Satz Neuraths eine solche Schreibtischanalyse in die Wirklichkeit zurück. Es ist im kirchlichen Entscheidungsgefüge durchaus nicht so, dass hinter der Bürotür A der Rückbau und der gegenüberliegenden Tür der Aufbau geplant würde. Sehr häufig landen diese Entscheidungen auf demselben Schreib- oder Sitzungstisch: Diejenigen, die über Kürzungen befinden, entscheiden damit auch, wohin das verbleibende Geld fließt – und damit steuern sie bestenfalls den Aufbau. In den agierenden Personen und den komplexen Prozessen sind

22 Otto Neurath, Protokollsätze, in: Erkenntnis, Band 3, 1932/33, 204–214, 206.

beide Bewegungen, Rückbau und Aufbau, miteinander verwoben – und das rettende Dock, in dem durch Analyse die besten Bestandteile extrahiert und neu zusammengefügt werden könnten, scheint weit weg. Doch die undurchschaubare Verquickung der beiden Prozesse in den alltäglichen Entscheidungen ermutigt mich noch stärker, die getrennte Wahrnehmung von Rückbau und Aufbau einzuklagen: Wo nämlich diese Grenze eingezogen ist, droht der strukturelle Abbau mit dem anbrandenden Handlungsdruck den Aufbau zu überdecken. Dann wird in den Kreissynoden tatsächlich nur über die Umsetzung der Sparpläne und den Verkauf der Immobilien geredet; für den Aufbau fehlen dann nicht selten die Energie und die Zeit.

Freilich gehen manche Entscheidungsgremien den Weg, der wohl als der einzige direkte Pfad von Rückbau zum Aufbau zu sehen ist: Sie kürzen nicht nach dem Rasenmäherprinzip, sondern konzentrieren das verbleibende Geld strategisch – dort, wo die Möglichkeit zum Wachstum gegeben ist: in Kinder- und Jugendarbeit oder einer Ehrenamtsakademie oder missionarischen Aktivitäten im Plattenbauviertel. Auch hier sind es die Ränder, denen die finanzielle Aufmerksamkeit gelten sollte: In der missionarischen Außenorientierung[23], auf der die biblische Verheißung des Wachstums liegt, ist die Kirche ganz bei sich und ihrem ureigensten Auftrag. Solch „intelligentes Schrumpfen"[24] findet einige Vorbil-

23 Mission soll dabei im Sinne des Auftrags verstanden sein: in Wort und Tat Kirche für diese Welt zu sein. Mehr dazu unter Thomas Schlegel, Kleine Kirche groß: Vom Wachsenwollen und Kleinerwerden, in: Brennpunkt Gemeinde, Impulse für missionarische Verkündigung und Gemeindeaufbau, 4/2012, 126–130.

24 Vgl. dazu Thomas Schlegel, „Weniger ist Zukunft". Kirchliches Wachstum in Zeiten des Schrumpfens?, in: Mitmenschen gewinnen. Wegmarken für Mission in der Region, im Auftrag des Zentrums für Mission in der Region

der aus anderen gesellschaftlichen Bereichen, z.B. der Wirtschaft.

So ist mir noch die mutige Geschichte eines Familienbetriebes an den Südhängen des Thüringer Waldes in Erinnerung. Nach den politischen Umwälzungen von 1989 drohte dem Mittelständler durch veraltete Produktion und Einbruch des Absatzes die Insolvenz. Da entschloss sich der Inhaber zu einem mutigen Schritt: Das kontinuierliche Schrumpfen vor Augen, entließ er einen Großteil seiner Belegschaft mit einem Mal und heuerte für das freibleibende Geld pensionierte Spezialisten renommierter Autohersteller aus den alten Bundesländern an. Diese hatten die Aufgabe, das Sortiment an die gängigen Standards anzupassen bzw. neue, innovative Produkte zu entwickeln. Damit wollte die Firma mit der Konkurrenz gleichziehen bzw. sich einen Vorsprung verschaffen. Das Experiment gelang: Nach und nach konnte der Unternehmer die entlassenen Mitarbeiter der Region wieder einstellen. Inzwischen beschäftigt der „Geräte- und Pumpenbau Merbelsrod“ mehr Menschen als je zuvor, ist ein gefragter Zulieferer und konnte in den vergangenen Jahren Produktionsstandorte in Brasilien und China eröffnen.

Auch wenn damit der direkteste Weg von Rückbau zu Aufbau angedeutet wird, so offenbart gerade die Beispielgeschichte, dass Rückbau und Aufbau getrennt geplant, sorgfältig bedacht und mit je eigener Energie umgesetzt wurden. Auch diese unmittelbare Verbindung zeigt, dass Rückbau nicht automatisch zu Aufbau führt: Die beiden Bausteine des Umbaus sind eben dialektisch aufeinander bezogen.

---

hrsg. v. HANS-HERMANN POMPE und THOMAS SCHLEGEL, (Kirche im Aufbruch 2), Leipzig 2011, 145–171.

7. Literatur

Bücher

Butkevičienė, Eglė, Social Innovations, in Rural Communities, Methodological Framework and Empirical Evidence, Social Sciences/ Socialiniaimokslai Nr.1 (63), Kaunas 2009.

Daehre, Karl-Heinz, Vorwort, in: Internationale Bauausstellung Stadtumbau Sachsen-Anhalt 2010, Weniger ist Zukunft, 19 Städte – 19 Themen. Katalog zur gleichnamigen Ausstellung in der Stiftung Bauhaus Dessau, hrsg. v. Ministerium für Landesentwicklung und Verkehr des Landes Sachsen-Anhalt, Berlin 2010.

Ebert, Christhard, Veränderungsprozesse, (ZMiR-Klartext), Dortmund 2011.

Feiter, Reinhard/Müller, Hadwig (Hrsg.), Was wird jetzt aus uns, Herr Bischof? Ermutigende Erfahrungen der Gemeindebildung in Poitiers, Ostfildern 2012[5].

Hauschildt, Eberhard/Pohl-Patalong, Uta, Lehrbuch Praktische Theologie, Bd. 4: Kirche, Gütersloh 2013.

Kirchenamt der EKD (Hrsg.), Freiraum und Innovationsdruck. Der Beitrag ländlicher Kirchenentwicklung in „peripheren Räumen" zur Zukunft der evangelischen Kirche, Leipzig 2016.

Herbst, Michael, Mission bringt Gemeinde in Form. Gemeindepflanzungen und neue Ausdrucksformen gemeindlichen Lebens in einem sich wandelnden Kontext, Neukirchen 2008[3].

Howaldt, Jürgen/Schwarz, Michael, Soziale Innovation – Konzepte, Forschungsfelder und -perspektiven, in: Howaldt, Jürgen/Jacobsen, Heike, Soziale Innovation. Auf dem Weg zu einem postindustriellen Innovationsparadigma, Wiesbaden 2010.

Malik, Fredmund, Auf ins Ungewisse. Mit herkömmlichen Managementmethoden werden Konzerne in der digitalen Transformation untergehen, in: DIE ZEIT 21/2014 vom 15. Mai 2014.

Neurath, Otto, Protokollsätze, in: Erkenntnis, Band 3, 1932/33, 204–214.

Schlegel, Thomas, „Weniger ist Zukunft". Kirchliches Wachstum in Zeiten des Schrumpfens?, in: Mitmenschen gewinnen. Wegmarken für Mission in der Region, im Auftrag des Zentrums für Mission in der Region hrsg. v. HANS-HERMANN POMPE und THOMAS SCHLEGEL, (Kirche im Aufbruch 2), Leipzig 2011.

SCHLEGEL, THOMAS, Kleine Kirche groß: Vom Wachsenwollen und Kleinerwerden, in: Brennpunkt Gemeinde, Impulse für missionarische Verkündigung und Gemeindeaufbau, 4/2012.

SCHLEGEL, THOMAS, Integration und Partizipation als Herausforderung ländlicher Räume, in: Lebendiges Zeugnis 68/1 (2013).

Elektronische Quellen

KULTURSTIFTUNG DES BUNDES, Schrumpfende Städte, Kultur, Berlin 2008 unter <http://www.shrinkingcities.com/kultur_schrumpfen.o.html>.

KULTURSTIFTUNG DES BUNDES, Schrumpfende Städte, Projekte, Berlin 2008 unter <http://www.shrinkingcities.com/uploads/media/Erste_Projekte.pdf>.

JUNKERMANN, ILSE „Ihr alle seid durch die Taufe berufen ...!“, Bericht vor der Landessynode der EKM, Frühjahr 2012 unter <http://www.ekmd.de/attachment/aa234c91bdabf36adbf227d333e5305b/1e19d9f8ebba90a9d9f11e187cb39de860720a920a9/Bericht_der_LB_Fruehjahrssynode_2012.pdf>.

Richard Chartres

Neues Feuer in London[1]

Über Gemeindewachstum in der englischen Hauptstadt

Die Kirche in der Londoner Diözese im Jahr 1990: Der Schwund an aktiven Kirchenmitgliedern in der *Church of England* im letzten Viertel des 20. Jahrhunderts spiegelte sich am Beispiel Londons gut wider. Die Diözese London nahm beim Schwund der aktiven Kirchenmitglieder sogar einen Spitzenplatz ein. Viele Gemeinden alterten und fanden es schwierig, die jungen Leute, die aus anderen Gegenden Großbritanniens und aus dem Ausland in die Hauptstadt strömten, einzugliedern. Gleichzeitig führte der unangemessen hohe Preisanstieg für Häuser bei vielen Menschen, die über Jahre das Rückgrat der Gemeinden in der Nachkriegszeit gebildet hatten, zur Flucht aus der Hauptstadt.

Die Gemeinde, in der ich 1984 Pfarrer wurde, war ein Extrembeispiel für diese allgemeinen Entwicklungen. *St. Stephen's Rochester Row* hatte Mitte der 80er Jahre schon 20 Jahre Mitgliederschwund erlebt. Zu Beginn der sozialen Re-

---

1 Lambeth Lecture von Bischof Dr. Richard Chartres am 30.9.2015. Mit freundlicher Genehmigung des Verfassers. Übersetzung von Nico Limbach. Der übersetzte Text wurde an mehreren Stellen von den Herausgebern kommentiert und für dieses Buch gekürzt, kenntlich durch [...]. Der vollständige englische Originaltext ist zu finden unter: <http://www.archbishopofcanterbury.org/articles.php/5621/bishop-of-london-delivers-lambeth-lecture-on-church-growth-in-the-capital>, aufgesucht am 12.04.2016, 19:06 Uhr.

volution in den 1960ern waren 550 in der Kirche wahlberechtigte Mitglieder registriert, und es gab ein Team von Hauptamtlichen, das aus sechs Vikaren und vier Nonnen bestand. Es gab sogar eine Tochtergemeinde, *St. John's*, die das Ergebnis einer Gemeindepflanzung in den 1950ern war. Ich kam dann als Herr Pfarrer Ikabod[2] dorthin, der durchschnittliche Gottesdienstbesuch lag nur noch bei zirka 40 Leuten, es gab kein hauptamtliches Mitarbeiterteam mehr, und die Tochtergemeinde war mittlerweile zum Hauptsitz des *London Diocesan Fund* umfunktioniert worden.

In den 80ern und 90ern kamen zunehmend finanzielle Probleme in den Gemeinden der Diözese auf, sowohl aufgrund der kleiner werdenden Gottesdienstgemeinden als auch durch die schlechter werdende nationale Finanzlage der Kirche. Wie viele andere Organisationen hatte die Kirche durch ihre Synode für großzügige Rentenbeträge gestimmt. Diese konnten nur mit großer Mühe aufrechterhalten werden, da die Zahl der Geistlichen im Ruhestand so groß war wie die Zahl der Geistlichen im Dienst. [...]

Manche nachdenklichen Mitglieder des Diözesanteams hatten fast schon die umfassende Sicht der neuen Medien-Meinungsmacher verinnerlicht, dass Gottes Geschichte nur dieses Ende nehmen könnte: Abschiebung in den Freizeit-Sektor. Gebäude wurden als eine Last betrachtet. Es stimmt natürlich, dass eine etablierte, aber finanzknappe Kirche einen unangemessen großen Teil der Verantwortung dafür trägt, dass ein architektonisches und kulturelles Erbe aufrechterhalten wird, welches laut Aufsichtsbehörden korrekterweise allen Bürgern obliegt. Die Londoner Landkarte ist übersät mit Kirchen in erstklassiger Lage, die in den genannten Jahren verlassen wurden [...]. Sie wurden oft an wenig

2 Anspielung auf „Die Herrlichkeit ist hinweg", 1Sam 4,21 [Anm. der Hrsg.].

engagierte Eigentümer verkauft, und der heruntergekommene Zustand unterstützte die mächtige Propaganda, dass wir uns im letzten Kapitel der Geschichte der *Church of England* in London befänden. Wir können das nun bereuen, doch damals schien es unvermeidbar, ja gar verdienstvoll, dass die Kirche das beendete, was als ein imperialer Missgriff betrachtet werden konnte, um sich dann mit denen ohne Stimme in den Seitenstraßen zu beschäftigen. Die Sympathie mit den schwachen, lokalen Gemeinden brachte die Kirche in eine dauerhafte Opposition zu neuen Großprojekten, insbesondere in *Canary Wharf*[3], wo keinerlei Versuch unternommen wurde, christliche Präsenz zu etablieren, und das in einem Stadtteil mit einer arbeitenden Bevölkerung, die mittlerweile die von Leicester übersteigt.

Wenn es irgendwo den Mut für kirchliche Aufbrüche gegeben hätte, hätten finanzielle Einschränkungen sie verhindert. Der Diözesanhaushalt schrieb in den meisten Jahren rote Zahlen und machte den Verkauf von historischen Anlagen, vor allem aber Grundbesitz nötig.[4] Dies trug zudem zu einem Gefühl der Loslösung und Fragmentierung bei, da sich die Menschen mit ihrer eigenen Parochie oder Gegend im Gegenüber zur „Diözese" identifizierten.

Im Jahr 1979 wurde in der Diözese ein Gebietskonzept erarbeitet, welches mit seiner klaren Verantwortungszuteilung sicherlich viel Positives beinhaltete – das Beste war die Erlaubnis zum Experiment unter wechselseitiger Rechen-

---

3 Canary Wharf: ein gewaltiges Neubaugebiet auf dem Gelände der ehemaligen Werften [Anm. der Hrsg.].

4 Dieser Vorgang wurde vom damaligen Diözesansekretär als „Griff in die hintere Hosentasche" beschrieben. Der Verwaltungsstandard in der Zentrale der Diözese (Diocesan House), wo Absprachen eher auf „pastoraler" als auf „professioneller" Basis getroffen wurden, rechtfertigte viel am ständigen Gejammer der Gemeindepfarrer.

schaft. Leider waren die Gebiete bis Ende der 80er Jahre zu fünf Unter-Diözesen geworden. „Gebiet-ionitis" war weit verbreitet, und die Regionalbischöfe diskutierten nur widerwillig gemeinsame Strategien. Treffen zwischen den Gebieten wurden problematischer, da diese unterschiedliche Kulturen entwickelten. Die Debatte über die Frauenordination trug weiter zum Auseinanderdriften verschiedener Gruppen bei und sprach gegen jegliches gemeinsame Handeln. Es ist bezeichnend, dass London eine der wenigen Diözesen war, die Anfang der 90er bei der Abstimmung gegen die Ordination von Frauen gestimmt hatte.

Einzigartig war im Londoner System, dass eine zusätzliche synodale Ebene in Form einer Gebietssynode eingeführt wurde. Einer der Gebietsbischöfe erklärte: „Ein Bischof ohne Synode ist wie ein Ehemann, der die Ehe nicht vollzogen hat." Kurz gesagt, ergab sich in der Leitung eine energieverschlingende Superstruktur mit diversen Ausschüssen und Kommissionen für Mission, Einheit, Gemeindedienst, soziale Verantwortung und dergleichen. Sie alle wurden in den Zeiten des Mitgliederschwunds eingerichtet und sollten Beteiligung an Entscheidungen und aktiven Handlungen fördern. Wie ich als Vorsitzender des Ausschusses für Gemeindedienst feststellen durfte, war das Ergebnis natürlich genau das Gegenteil. Überarbeitete Mitglieder des diözesanen Mitarbeiterteams diskutierten immer und immer wieder die gleichen Fragen in kaum veränderten Zusammensetzungen. Es gab Ideen ohne Ende und nicht wenige Initiativen, aber am Ende blieb keine Kraft zur Umsetzung.

Zum Glück ist das, was in der *Church of England* auf diözesaner oder nationaler Ebene passiert weit entfernt vom Alltag im Gemeindeleben und im pastoralen Dienst. Die Folgen von falschen Strategien und dysfunktionalen Strukturen infizieren die Kirche auf lange Sicht gesehen auf allen

Ebenen, doch die Krankheit braucht eine ganze Weile, bis sie ausbricht oder gar tödlich wird. Währenddessen gab es viele wunderbare und treue Priester und Laien, die beharrlich Gottesdienst feierten und fortwährend Nächstenliebe lebten. In meiner eigenen Gemeinde [...] gab es eine kleine Gruppe Getreuer, [...] standhaft in den geistlich dürren Zeiten voller Entmutigung. Ihre Erfahrungen und ihr Engagement eröffneten neue Möglichkeiten. Vielleicht war es ein Vorteil, dass die Lage so aussichtslos und der Kontrast zu erfolgreicheren Jahren so stark war.

1991 begann David Hope seine Arbeit, sein Einfluss verbesserte die Stimmung in der Diözese. So verbesserten seine Gemeindebesuche die Moral, und die Einführung von *Mission Action Planning*[5] verlagerte den Fokus hin zu Wachstum und weg von spaltenden Streitfragen. Mit seiner tadellosen, gut katholischen Einstellung brachte er das Schiff Kirche auf Kurs, nachdem sein Vorgänger zur Römisch-Katholischen Kirche gewechselt war. Er steuerte erfolgreich durch alle Turbulenzen, die nach der synodalen Abstimmung zur Frauenordination folgten. Allzu bald wurde er als Erzbischof nach York berufen. Doch zuvor lud er mich als Regionalbischof von Stepney ein, an einer Revision der diözesanen Strukturen teilzunehmen.

Ich war überrascht, als ich Ende 1995 als Nachfolger für Bischof David Hope angefragt wurde, doch die Londoner Abgeordneten der Wahlkommission waren sich einig, dass die von Bischof Hope eingeschlagene Richtung für die weitere Reise beibehalten werden sollte. Dafür schien ich geeignet zu sein. Und ich besaß damit eine einfache Blaupause für Veränderung.

---

5 Gemeinsame Missions-Strategien in den anglikanischen Diözesen [Anm. der Hrsg.].

Zuerst musste ich einen Ort zum Leben finden, und ich entschied mich für das alte Dekanat in der Nähe der *St. Paul's Cathedral*. Ein knappes Vierteljahrhundert lang war es eine Skandinavische Privatbank gewesen [...]. Mit Hilfe der kirchlichen Beauftragten konnten wir die Mietbedingungen erfüllen und eine bescheidene Unterkunft im früheren Bediensteten-Teil einrichten. Seit dem 17. Jahrhundert hatte kein Bischof mehr in der Stadt gelebt, doch der Umzug in das alte Dekanat veränderte die Beziehungen sowohl zu christlichen Organisationen als auch zu *St. Paul's*, wo ich Freitagmorgen immer noch regelmäßig Gottesdienst feiere.

Eine der ersten Aufgaben bestand darin, die zusätzliche synodale Ebene und alle Gremien abzuschaffen, die nicht vom Kirchenrecht vorgesehen waren. Diese wichtigen Veränderungen traten 1997 in Kraft. Gleichzeitig fusionierten wir alle entsprechenden Verfassungsgremien mit dem Bischofsrat. Niemand hat je zu mir gesagt: „Wenn wir doch nur einen Missionsausschuss gehabt hätten, dann hätten wir missionarisch gehandelt." Stattdessen wurde ein schwarzes Loch geschlossen, das viel Arbeitskraft fraß, und zugleich konnten die Personen und Orte unterstützt werden, die Leben bewiesen und das missionarische Gen besaßen.

Einer dieser Orte war *Holy Trinity Brompton (HTB)*. Die Leitenden der Gemeinde hatten im Umgang mit der kirchlichen Hierarchie in der Region Kensington große Frustrationen erfahren müssen. Alpha[6] begann sich zu der weltweiten Bewegung zu entwickeln, die es heute ist, und es gab Stimmen innerhalb von *HTB*, die fest davon überzeugt waren, dass eine Platzierung außerhalb der *Church of England* zu größerem Wachstum beitragen würde. Die zuständigen

6 Das weltweite Glaubenskursprogramm „Alpha" bzw. „Alphakurs" stammt aus HTB [Anm. der Hrsg.].

kirchlichen Organe, die *HTB* lediglich als eine gewöhnliche Gemeinde betrachten wollten, bemühten sich darum, dass die Anzahl der Hilfspfarrer, die bei *HTB* angestellt wurden, begrenzt wurde, obwohl es dort die finanziellen Ressourcen gab, um das Hauptamtlichen-Team zu vergrößern. Diese Beschränkungen wurden von einem liberalen Widerwillen gegen charismatisches und evangelikales Christentum getragen. Dazu kam die Überzeugung, dass die Versorgung mit Hilfspfarrern gleichmäßig auf die Diözese verteilt werden sollte, ganz egal, wie viele Finanzen die Gemeinden aufbringen konnten.

Es gab hier ein wichtiges Prinzip, das auch im *Common Fund System* Ausdruck fand. Der Diözesanhaushalt wurde anhand der herkömmlichen Pfarrstellenzahl berechnet, gemeinsam mit Anteilen für Verwaltung und nationale kirchliche Verpflichtungen. Die Gesamtsumme wurde dann anhand einer komplexen Formel aufgeteilt, die sich stark an der Zahl der zur Wahl in der Kirche berechtigten Personen orientierte. Dies hatte zur Folge, dass schrumpfende Gemeinden immer stärker von wachsenden Gemeinden subventioniert wurden. Es gab also eine Wachstumssteuer und einen offenen Grund, weitere finanzielle Ressourcen der Gemeinden zu verschleiern. Dies wäre erträglich gewesen, wenn die Diözese immer noch von den Ausschüttungen der kirchlichen Immobilien- und Finanzagentur[7] profitiert hätte, doch diese nahmen enorm ab, und die Rentenverpflichtungen stiegen stark an. Also wurden die zahlenden Gemeinden zunehmend unruhig, als sie erkannten, dass sie weniger aktive Nachbarn subventionieren sollten. Es wurde deutlich, dass eine Krise der Zustimmung nicht mehr verhindert werden konnte.

---

7 Diese Einrichtung heißt in England: *Church Commissioners* [Anm. der Hrsg.].

Die Verantwortlichen für die Diözese „sollten irgendetwas tun“ mit den Gemeinden, in denen nicht viel zu passieren schien. Doch der rechtliche Schutz für Amtsinhaber und die Unabhängigkeit der Parochialgemeinden verhinderten das Handeln und untergruben jedes Gefühl gegenseitiger Rechenschaftspflicht. In den 80ern wurde in einer Gemeinde, die sozialräumlich betrachtet für die *Church of England* gut aussah, ein älterer, eigenständiger Pastor durch einen Parteigänger aus den Reihen einer der extremen Fraktionen ersetzt. Dem neuen Mann wurden zwei fähige Hilfspastoren an die Seite gestellt, die vom *London Diocesan Fund* finanziert wurden, und innerhalb von zwei Jahren sank die Zahl der zur kirchlichen Wahl Eingetragenen von 110 auf 75 Personen. Offensichtlich fiel diese skandalöse Situation niemandem auf. Welches Recht hätte ein Außenstehender auch gehabt, die gemeindlichen Strategien zu kritisieren?

Veränderung braucht in der *Church of England* viel Zeit und hängt vor allem von den getroffenen Absprachen ab. Es braucht Zeit, bis man ausreichendes Wissen über Menschen und Orte gesammelt hat. Die Untersuchungen von Bob Jackson legen beispielsweise nahe, dass wir Pfarrer zu häufig versetzen, da die beste und das meiste verändernde Arbeit erst um das zwölfte Amtsjahr herum stattfindet. So müssen auch Bischöfe auf eine Langstrecke vorbereitet werden – mit einer klaren Reiseroute und einer Bereitschaft, Chancen dann zu ergreifen, wenn sie sich ergeben.

Wachstum entspringt aus dem Wirken des Heiligen Geistes – und aus Gemeinden und Einzelnen, in denen lebendiges Wasser sprudelt. Bischöfe alleine können nur sehr wenig erreichen. Sie können versuchen, Hindernisse aus dem Weg zu räumen und weise Vereinbarungen zu treffen. Äußerungen können helfen, die Atmosphäre zu verändern, aber zu viele „diözesane Initiativen“ können ablenken oder gar zur

Erschöpfung und zum Zynismus unter den Geistlichen führen. Dies geschieht vor allem dann, wenn sie vermuten, dass sich der Bischof nur selbst einen Namen machen will.

Die Aufgabe des Bischofs, Vitalität und Wachstum in einer Diözese zu fördern, ist nichtsdestotrotz entscheidend, obwohl kaum jemand in der Lage ist, die Komplexität und die miteinander verwobenen Voraussetzungen des Prozesses zu durchschauen, der zu günstigen Bedingungen führt. Trotz aller Möglichkeiten, die feierliche Treffen bieten, bleibt ein Großteil der bischöflichen Arbeit unsichtbar. Sie sollte bei den Gemeinden und Menschen zur Überzeugung führen, dass „wir" gesegnet sind und vom Heiligen Geist inspiriert, Dinge zu tun, die jenseits unserer Fähigkeiten liegen. Bischöfe sollten mehr *tun*, als sie *sagen*, und am Ende ihrer Amtszeit sollten die Leute sagen: „Großartig – wir haben das alles selber geschafft."

Die Bilder, die mich am meisten ansprechen, um die Arbeit eines Bischofs zu beschreiben, entspringen der tiefen Überzeugung, dass unsere wichtigste Aufgabe darin liegt zu segnen und – nur ganz selten – einen apostolischen Segen zurückzuhalten.

Unser Segen sollte von der Vision getragen sein, die einem für das Ganze Verantwortlichen gegeben ist, der das Privileg hat, die Kirche bei ihrer Arbeit an vielen Orten und mit vielen Menschen wahrzunehmen. Die Geschichte der Söhne des Zebedäus hinterfragt die Formen der Hierarchie, die in anderen Organisationen greifen, doch ein Bischof, der daran arbeitet, einen ganzheitlichen Blick zu gewinnen, und der es ernst damit meint, „ein Knoten im Netz" zu sein – indem er Gemeinden in der Diözese mit der weltweiten und generationenübergreifenden Kirche in Verbindung bringt –, hat eine ganz eigene Autorität. Viele der besten Bischöfe sind kein großer Verlust für den Gemeindedienst, dort findet man viele andere Heilige. Bischöfe sind eher wie Dirigenten in einem Orchester: Sie mögen nicht die begabtesten Instrumentalisten sein, aber sie sind dafür verantwortlich, dass eng am Musikstück geblieben wird und dass aus talentierten Solisten eine Symphonie neu interpretiert wird.

Es hat mich beeinflusst, dass Paulus von „Mitarbeitern am Evangelium“ spricht, denn dies scheint mir die angemessene Form von Beziehung zu anderen Gemeindegliedern zu sein. Ich beklage den Abstieg zu einem Arbeitgeber-Arbeitnehmer-Verhältnis von Geistlichen, welches eine Folge der neuen Dienstbedingungen sein könnte.

Geistlich gesprochen heißt das: Wenn einem Bischof die Gesundheit der Kirche am Herzen liegt, dann muss er sich den Rat des Paulus an die Ältesten in Ephesus in Apostelgeschichte 20,28 zu Herzen nehmen: „Habt Acht auf euch selbst“ und „auf die ganze Herde, in welcher euch der Heilige Geist als Aufseher (‚episkopoi‘) eingesetzt hat“. Ebenso heilsam ist es, sich an die Worte von Augustinus zu erinnern: „Für euch bin ich Bischof, mit euch bin ich Christ.“ Wer seine Funktion und seine Person gleichsetzt, wird Schiffbruch erleiden. Ich glaube, dass ich für das Bischofsamt in London arbeite – zufällig bin ich der 132. Amtsinhaber, örtlicher Nachfolger der Apostel –, aber es ist unerlässlich, dass man seine eigenen Gebrochenheiten und Grenzen versteht und nicht der Versuchung verfällt, sich aufzublasen. Die einzige Sache, die nicht delegiert werden kann, ist das eigene Gebet und das Studium der Schrift. Ein Master-Abschluss in kirchlicher Verwaltung ist kein Ersatz für die Entwicklung einer Anfängerhaltung und das Aneignen der Lernbereitschaft, mit der der Heilige Geist arbeiten kann. Ich habe keinen Zweifel daran, dass wir viel aus der Erfahrung anderer Organisationen lernen können, aber die Kirche sollte das Vertrauen in ihre eigene Erfahrung nicht unterschätzen.

Wenn jemand in den bewegenden Herzstücken eines Gottesdienstes die Worte Christi, unseres großen Hohepriesters, ausspricht, verhindert eine klare Unterscheidung zwischen Rolle und Person jegliches hinterlistige Entstehen von Ansprüchen; und wenn er auf den Mauern des irdischen Jerusalem als Wächter unterwegs ist, muss der Bischof wachsam und auf den Advent vorbereitet sein – auf die Zukunft, die von Gott kommt, nicht nur auf die Zukunft, die wir uns aus aktuellen Trends erschließen können.

Quelle des Segens, für das Ganze Verantwortlicher, Knoten im Netz, Dirigent einer Symphonie, Botschafter unseres Hohepriesters Christus, Mitarbeiter am Evangelium, Wächter auf den Mauern:

Ich habe den Bericht über die Strategien und Veränderungen, die ich für die Londoner Diözese als heilsam ansehe, unterbrochen, weil ich mir des funktionalen Atheismus bewusst bin, der in Teilen der heutigen Kirche herrscht. Ich glaube einfach nicht, dass der Geist als Urheber von Wachstum einfach nur schlichtes Abkupfern dessen ist, was aus der Wirtschaft kommt, und dass Strategien und Programme aus sich allein heraus nur begrenzte Auswirkungen haben können.

Als ich Bischof wurde, begann für mich eine neue Lernphase. Wie bei vielen Introvertierten ist meine Standardposition die des Beobachters und Kommentators; bischöfliche Pflichten haben mich dazu gezwungen, ein hingebungsvoller Geburtshelfer für Veränderung zu werden. Angefangen hat dies mit Vereinfachung und Beseitigung von Unordnung – und dabei stets die Hoffnung auf Gott lebendig halten.

Fast direkt nach meiner Einführung in London sah ich mich mit [...] aufschlussreichen Herausforderungen konfrontiert. Ein hochgeschätzter *Archdeacon*[8] brachte mir Papiere

8 Leitungsamt in den anglikanischen Diözesen [Anm. der Hrsg.].

zur Unterschrift, die die Schließung der Kirche *Holy Trinity Sloane Street* besiegeln sollten. Es sei, wie er sagte, ein nicht erschließbares Gebiet, und der gerade pensionierte Amtsinhaber war stark deprimiert über die Vergeblichkeit all seiner Anstrengungen. Alle wichtigen Ausschüsse waren zu dem Schluss gekommen, dass die Kirche geschlossen werden sollte. *Holy Trinity* war natürlich wunderschön, eine Kathedrale geprägt von der *Arts-and-Crafts-Bewegung* Mitte des 19. Jahrhunderts. Doch sich von solchen Dingen hinreißen zu lassen, wurde als sentimental angesehen. Damals war – abgesehen von Menschen mit historischem Interesse – eine stark funktionale Einstellung zu Gebäudefragen verbreitet. Man tendierte zu der Meinung: „unsere Gebäude sind eine Last".

Ich habe mich sehr gegen die Behauptung gesträubt, dass eine Kirche wie *Holy Trinity* nicht mehr zu halten war. Dazu fand ich noch heraus, dass wir nichts gewinnen würden, wenn wir das Gebäude aufgeben, denn es wäre einfach an den *Cadogan Grundbesitz* gefallen. Also lehnte ich den Antrag ab. Das hätte sehr gut eine desaströse Entscheidung sein können, die mir gleich zu Beginn meines Bischofsamtes den Ruf eines unpragmatischen Träumers eingebracht hätte; eine teure Verpflichtung für eine Diözese, die mit der Zahlungsunfähigkeit zu kämpfen hatte. Doch die Entscheidung wurde durch die inspirierende Kraft der Kirche selbst und die Einsetzung des vielseitig begabten Bischofs Michael Marshall gerechtfertigt. Holzköpfigkeit ist in der *Church of England* nicht nur weiter verbreitet, sie ist auch gefährlicher als Bosheit. Michael Marshall hatte eine außergewöhnliche Vorstellungskraft und die Kirche bald belebt, da er den Dienst für die Erfordernisse des 21. Jahrhunderts neu erfunden hat. [...]

20 Jahre nach dem *Templeman Report*[9] sind die Stadtkirchen immer noch geöffnet und dienen verschiedenen Zwecken, jede mit ihrem eigenen Dienst in einer bestimmten Nische. Die Unterhaltskosten sind unter Kontrolle, und die Stadtgemeinden sind kein skandalöses Abflussrohr für diözesane Mittel, sondern bedeutende Mitwirkende im Netzwerk.

Nach der Abschaffung der Ausschüsse veränderten wir das *Common Fund System* und planten mit einem ausgeglichenen Budget. Wir reduzierten die alten Geheimformeln, indem wir jede Parochie aufforderten, selbst für ihre Pfarrkosten aufzukommen, während die Diözese die Pfarrlandeinnahmen durch gutes Management erhöhen würde, um damit die nicht-parochialen Kosten auf diözesaner und nationaler Ebene abzudecken, z.B. die Finanzen für die Ausbildung von Geistlichen. Finanziell starke Gemeinden wurden ermutigt, über das Geforderte hinaus zu zahlen, um den christlichen Dienst in ärmeren Bezirken zu unterstützen. Die Folge „Strafe für Wachstum" wurde abgeschafft und Spendengeld im Umfeld eingesetzt, wo es gesammelt wurde. Es war durchaus möglich, Gemeindearbeit in weniger wohlhabenden Gegenden zu unterstützen, gleichzeitig bewiesen Parochien, die anderweitig mitgetragen wurden, Willen und Fähigkeit, größere finanzielle Eigenständigkeit zu erreichen. Die größte Last fiel dabei wahrscheinlich auf die mittelgroßen Parochien, von denen erwartet wurde, dass sie ihre Pfarrdienstkosten selbst trugen. Es gab heldenhafte Anstrengungen, die regelmäßige Spendenbereitschaft zu erhöhen. Dies wurde durch eine angemessene Erhöhung der Mietpreise für Gemeindehäuser u.Ä. unterstützt.

---

9 Der Templeman Report (1995) schlug vor, außer vier alle Stadtkirchen stillzulegen [Anm. der Hrsg.].

Als Ergebnis konnten wir trotz des konstanten Anstiegs der Rentenzahlungen den Haushalt ausgleichen, das Vertrauen in die Finanzverwaltung der Diözese wiederherstellen, leichtfertige und desaströse Kürzungsstrategien, die zur Kündigung fähiger Mitarbeitender geführt hätten, verhindern, unsere Präsenz in Gegenden, die in Großbritannien am meisten sozial benachteiligt sind, aufrechterhalten und große Investitionen in den Universitätsdienst und andere wichtige, aber kostspielige Sonderpfarrämter tätigen.

Im Jahr 2000 stieß Keith Robinson zum Diözesanteam hinzu. Er nahm eine große Einkommenskürzung in Kauf, als er seinen Job als Präsident der Londoner Börse aufgab, um Generalsekretär der Diözese zu werden. Schon zuvor hatte er als Ehrenamtlicher einen großen Beitrag zur Vereinfachung der diözesanen Strukturen geleistet und sich darangemacht, mich den Mehrwert und die Praxis guten Managements zu lehren.

Die bereits vollzogenen Veränderungen erforderten nun eine Weiterentwicklung der Strukturen und des Ethos der Diözesanverwaltung. Mitarbeitende, die zuvor Berichte an Ausschüsse und Komitees eingereicht hatten, mussten nun selbst Entscheidungen treffen und für diese geradestehen. [...]

Es ist unerlässlich, dass sich der Bischof und der Generalsekretär in Zeiten des Wandels regelmäßig treffen, um einerseits das alltägliche Geschäft zu besprechen und andererseits das Kommende abzuschätzen. Der Bischof und der Generalsekretär haben positionsbedingt eine umfassende Sicht auf die ganze Diözese, die für alle anderen nur schwer erreichbar ist. Beide sollten die Gedanken des anderen wahrnehmen, in der Lage sein, diese Gedanken weiterzudenken und sich gegenseitig zu unterstützen, wenn der Weg steinig wird. [...]

Ein wichtiger Teil, um beständige Wachstumsstrategien zu verfolgen, war die Einheit im Diözesanteam und in den Strukturen der Diözese. In London ist das *Bishop's Council* auch gleichzeitig der Finanzausschuss. Dies ist einer Struktur vorzuziehen, in der diese beiden Körperschaften rechtlich getrennte Einheiten sind. Denn wenn diese beiden getrennt sind, dann kann dies dazu führen, dass die Bedeutung des/der Vorsitzenden des Finanzausschusses so weit gesteigert wird, dass sie/er *de facto* oder gar *de jure* der Chef des *Diocesan Secretary* wird. Dies kann zur Trennung von Bischof und *Secretary* führen. In manchen Fällen habe ich sogar beobachtet, dass das Büro des Bischofs und das Diözesanbüro zwei rivalisierende Machtzentren geworden sind. Ich glaube, dass es prinzipiell falsch ist, dass der Diözesanbischof die Verantwortung für die Verwaltung der Diözese von sich weist. Die eine Sache, die der Diözesanbischof nicht delegieren kann – außer dem Gebet und dem Studium der Bibel –, ist die Verantwortung für den Ethos in der Diözese, und in der alltäglichen Realität findet dieser Ethos in der Verwaltung seinen Ausdruck, oder er wird dort zunichte gemacht. [...]

Wir haben die Anzahl der Berater in der Zentrale der Diözese bedeutend verringert in der Überzeugung, dass finanzielle Ressourcen in örtlichen Missionsvorhaben besser eingesetzt sind. Im zuletzt genannten Prozess sind wir vermutlich zu weit gegangen und haben zu brutal gekürzt. Meine Erfahrung in anderen Diözesanverwaltungen – durch die Arbeit der *National Spending Plans Review Task Group* – legt nahe, dass einige Diözesen nun nicht mehr die Kapazität haben, um sich neue Projekte vorzustellen und zu entwickeln. Gelder für Entwicklung sind zwar verfügbar, aber es fehlt an Kapazität, um diese anzuwenden. Der Mangel an Kapazitäten führt dazu, dass die Aktivität nur darauf beschränkt bleibt, vorhandene Strukturen langsam zurückzufahren.

Keith Robinson führte zum ersten Mal auch monatliche Management-Berichte ein, die von einer *Senior Management Group (SMG)* in der Zentrale der Diözese genau geprüft wurden. Die Effektivität der *SMG* führte zu mancherlei Murren unter den Archdeacons, die sich aus den Entscheidungsprozessen ausgeschlossen fühlten. Die Archdeacons bilden eine unverzichtbare Schnittstelle zu den Gottesdienstgemeinden der Diözese, doch ihre Rolle hat sich drastisch verändert, seit professionellere Laien im Managementbereich angestellt wurden. Unglücklicherweise gibt es die Gewohnheit in der *Church of England*, Veränderungen dadurch herbeizuführen, dass man neue Strukturen neben alte stellt, ohne die alten zu ersetzen. Dies hat oft für Verwirrung gesorgt.

Wir haben in London ein *Joint Operations Team (JOT)* unter dem Vorsitz des Bischofs von Willesden eingeführt. Es soll die Archdeacons und die *Senior Management Group* näher zusammenbringen und ist für die Umsetzung von vereinbarten Strategien zuständig. An Ideen hat es in der Londonder Diözese nie gefehlt. Das Problem lag eher im Überfluss an Ideen und dem Versagen bei der Umsetzung.

Es gab noch eine Reihe anderer wichtiger Veränderungen, an denen die aufeinanderfolgenden Generalsekretäre maßgeblich beteiligt waren. Wir alle haben gemeinsam lange gebraucht, bis wir verstanden, dass die Kirche gut kommunizieren muss. Es geht nicht darum, eine Entscheidung zu treffen oder sich eine Strategie auszudenken und danach zu fragen: „Wie wird dies nun kommuniziert?“ Die Kommunikationsfragen müssen von Anfang an Teil des Reflexionsprozesses sein. Früher hatten wir einen Zuständigen für die Kommunikation innerhalb des Hauses. Doch jedes Individuum hat nur eine bestimmte Reihe an Talenten, und in einer diözesanen Struktur kann es nur zu leicht passieren, dass diese Amtsinhaber den kollektiven Täuschungen zum Opfer fallen, die sich in einer Leitungsgruppe fast unvermeidlich entwickeln. Wir stellten also externe Partner an – *Luther Pendragon* – und gewannen dadurch eine größere Bandbreite an Fähigkeiten bei niedrigen Kosten. Gleichzeitig warben wir einen kritischen Freund, der uns helfen konnte, uns so wahrzunehmen, wie andere uns sehen, und die selbstzufriedenen Annahmen zu verlieren, die den marginalen Einfluss der Kirche in London kaschiert hatten.

Im Jahr 2000 taumelten wir immer noch aufgrund der Streichung der Unterstützung für Pfarrergehälter durch die kirchliche Agentur für Immobilien und Finanzen[10] und der steigenden Rentenverpflichtungen. Neben dem großen Haushaltsdefizit wurde eine große Kontoüberziehung verhandelt, und die Bankzinsen waren ein enormer Kostenfaktor für die diözesanen Haushalte.

Eine verbesserte Moral ermöglichte es uns, die Fakten klar und deutlich in einem Beratungsdokument mit dem Titel *Time for Decision (Zeit für Entscheidungen)* vorzulegen. Dieses Dokument ging an alle Gottesdienstgemeinden und die Beratung wurde von allen Bischöfen geleitet. 86 Prozent der Parochien reagierten, und ein klarer Handlungsplan wurde ausgearbeitet und umgesetzt. Die Spenden im *Common Fund* stiegen um 8,5 Prozent. Die Erträge aus Eigentumsanlagen wurden stark erhöht. Verschlafene Gemeinden wurden herausgefordert, und der Haushalt wurde ausgeglichen. 2015 werden wir zum zehnten Mal nacheinander einen ausgeglichenen Haushalt vorweisen können. Im Vergleich dazu betrug der Gesamtverlust der zehn Jahre vor 2005 mehr als acht Millionen Pfund.

---

10 Church Commissoners: Kirchliche Immobilien- und Finanzagentur [Anm. der Hrsg.].

Durch die bessere Finanzlage konnte unsere Diözese die allgemeine Strategie vermeiden, die Anzahl der Pfarrstellen dadurch zu kürzen, dass man den einzelnen Geistlichen eine größere Anzahl an Gemeinden zuweist. Das mag zwar eine effektive Einsparungsstrategie sein, aber es ist sicherlich keine effektive Missionsstrategie, und sie zielt lediglich darauf, Gemeinden zu erhalten, und nicht darauf, ihnen zum Wachstum zu verhelfen. Hier waren uns die Untersuchungen von Bob Jackson eine große Hilfe. Er ermutigte uns, der gängigen Weisheit von modischen Vorstellungen über Teampfarrämter und ökumenische Projekte zu widerstehen.

Geistliche und auch Bischöfe verwenden ihre besten Jahre oft dafür, für Veränderungskampagnen zu werben, die herbeizuführen in der Fähigkeit einer bestimmten synodalen Generation zu liegen scheinen. Diese werden dann oft zu Beginn der Debatten als wichtige Beiträge betrachtet, um die Leute in England zurück in die Kirche zu bringen. Die Teilhabe von Laien in der Kirchenleitung, liturgische Veränderungen, Pläne für Kirchenvereinigungen, die Reform von Ehegesetzen, die Frauenordination – dies alles waren spürbare Maßnahmen. Doch die Vorstellung, dass diese den Rückgang der Kirchenmitgliedschaft stoppen oder sogar umkehren könnten, griff zu kurz, weil sie die wichtigen sozialen und intellektuellen Veränderungen nicht berücksichtigten, die zum Rückgang der zur Kirche gehenden Bevölkerung geführt hatten. Das interne Gezänk über diese Veränderungen verbrauchte aber viel Energie und trug dazu bei, dass sich weitere traditionelle Kirchenunterstützer entfremdeten.

Weil es nachvollziehbare Sorgen gab über das historische Versagen der *Church of England,* sich in der Kultur der städtischen Arbeiterklasse zu verankern, gab es wenig Bewusstsein dafür, dass die Kirche es aktuell wieder verpasste, mit dem „Management" auf allen Ebenen der Gesellschaft in

Verbindung zu sein. Unter dem Einfluss des Ersatz-Parlament-Modells, das von der Synode angenommen worden war, trieb die Kirche ihre Geschäfte immer mehr in einem nach innen gerichteten Parteiengeist.

Es wurde alles versucht, um in der Diözese unterschiedliche Meinungen über die aktuellen Tagesthemen zu respektieren und gleichzeitig die Debatte in einem Diskussionsrahmen zu halten, der die fundamentalsten Aufgaben einer christlichen Gemeinschaft enthielt, die Gott uns gegeben hat.

Eine offensichtliche Quelle der Spaltung war die Ausbildung der Geistlichen in Richtungsseminaren *(Party Colleges)*. Es wurde ein Versuch unternommen, diesen Aspekt des alten Systems zu überwinden, ohne die Absicht, die angemessene Verschiedenheit innerhalb der *Church of England* zu vereinheitlichen. Eines der fundamentalen Prinzipien in den letzten 20 Jahren in London war, dass jeder legitime Flügel innerhalb der anglikanischen Tradition durch die Einstellungen in der Diözese berücksichtigt und geehrt werden sollte. Es gibt nur ein wichtiges Kriterium, das die Unterschiede zwischen unterschiedlichen Strömungen in der Kirchenlandschaft übersteigt: Das ist die Unterscheidung zwischen toter Gemeinde und lebendiger Gemeinde.

Jeder sollte angemessen mitwirken dürfen, damit Polarisierung vermieden wird. Diese entsteht dann, wenn Einstellungsentscheidungen dem Willen von kurzzeitigen synodalen Mehrheiten oder – noch schlimmer – ideologisch geprägten Bischöfen unterliegen. Natürlich führt der Wunsch, alle einzuschließen, oft zu riskanten Einstellungen, die nicht immer Erfolg bringen. Ganz besonders herausfordernd war es, Konservativ-Evangelikale zu finden, die fähig und gewillt genug sind, um konstruktiv mit dem ganzen Spektrum der Kirche zusammenzuarbeiten.

Der Wunsch, Berufene zu begeistern und zukünftige Geistliche in einem Kontext auszubilden, in dem jede legitime Tradition geehrt wird, hatte einen großen Einfluss auf die vielleicht bedeutendste Entwicklung der letzten 20 Jahre: Die Gründung des *St. Mellitus College*.

Im alten Ausbildungssystem wurden die Bewerber unabhängigen Ausbildungsstätten anvertraut, welche sich oft einer bestimmten theologischen Richtung zuordnen ließen. Auszubildende aus der Londoner Innenstadt gingen auf Colleges, die sie z.B. nach Leicester schickten, um „Innenstadterfahrung" zu sammeln. Die Beziehung zwischen Auszubildenden und ihren Colleges war oft ein abgekartetes Spiel. Obwohl die Auszubildenden lediglich für die „Ordinationsausbildung" vorgeschlagen wurden, war die Realität eine andere: Sobald sie am College begonnen hatten, verlief die Ordination nach der eigenen Definition der Auszubildenden, wenn sie nicht gerade bei spektakulären Verstößen erwischt wurden. In einer frühen Phase der Ausbildung zu entscheiden, dass Auszubildende ungeeignet wären, brachte finanziell große Einbußen mit sich, was für schwache, kleine Institutionen wie theologische Hochschulen Nachteile brachte. Dagegen wurden alle Probleme auf die Diözese verschoben, wenn man schwache Bewerber zur Ordination vorschlug. Dies sprach dafür, die Ausbildung kontextueller zu gestalten, so dass sie mehr an die Region angelehnt war, in der die Auszubildenden voraussichtlich dienen würden. Noch wichtiger aber war die wachsende Unzufriedenheit darüber, wie Theologie gelehrt wurde – nämlich als langweiliges Echo der jeweiligen Mode in der säkularen Wissenschaft und als ein Fach wie jedes andere, das vom Leben der Gott feiernden Gemeinde komplett getrennt werden konnte.

Einige Sätze von Evagrius Ponticus waren bei der Konstituierung des *St. Mellitus College* ausschlaggebend: „Wenn du Theologe bist, wirst du wahrhaftig beten. Und wenn du wahrhaftig betest, bist du ein Theologe" (aus *Texts on Prayer no. 60*); „Die Brust des Herrn; die Weisheit Gottes. Wer an ihr ruht, der soll Theologe sein" (aus *Ad. Mon. 120*).

Schon einige Jahre lang hatte ich nach adäquateren Ausbildungsstandards für das Pfarramt gesucht, die diese Wahrheiten lebendig machen würden – diese Situation wurde durch die Ankunft von Graham Tomlin verändert. Seine außerordentlichen Gaben in der Lehre, der Diplomatie und der Verwaltung verwandelten einen vagen Traum in eine Institution, an der dieses Semester mehr als 200 Studierende für das Pfarramt ausgebildet werden. Eine aufblühende Zweigstelle wurde auch in Liverpool installiert, um dem Nordwesten zu dienen, und Interesse an der Herangehensweise von *St. Mellitus* wurde in verschiedenen Gegenden Großbritanniens und darüber hinaus deutlich.

Die Einrichtung des College ist ein gutes Beispiel dafür, wie Londons schlanke, aber effektive Strukturen die Priorität für Mission unterstützen können. Die enge Zusammenarbeit zwischen allen unmittelbar Beteiligten – vor allem unseren Partnern in der Diözese Chelmsford – führte zur schnellen Umwandlung einer Kirche zu einer Ausbildungsstätte. Die rechtlichen Gremien wurden nur dann eingeschaltet, wenn formelle Zustimmung erforderlich war.

St. Mellitus war eine große „Diözesaninitiative", die nur mit der unverzichtbaren Hilfe des *St. Paul's Theological Centre*, einem Ableger von *HTB*, durchgeführt werden konnte. Dennoch war die zugrundeliegende Philosophie der letzten 20 Jahre meist die, dass die meisten Ressourcen – sowohl menschliche als auch finanzielle – in örtliche Gemeinden und missionarische Gemeinschaften investiert wurden. Dies wurzelt in der festen Überzeugung, dass die Ressourcen auf lokaler Ebene am besten für die Mission genutzt werden.

Ich war sehr überrascht über die Aussage von Rick Warren, dem amerikanischen Mega-Church-Leiter, dass er „zu viel Zeit mit der übergemeindlichen Kirche und nicht genügend Zeit mit der Ortsgemeinde verbracht" habe. Die Vision einer Kirche, die ihrer kompletten Nachbarschaft dient und nicht nur auf der Basis „gleich und gleich gesellt sich gerne" wächst, ist sehr edel. Leider ist es bei der weitgehend mit Übertragung arbeitenden *Church of England* für kleine Gruppen relativ leicht, sich in Positionen zu bringen, von denen aus sie über Ressourcen verfügen können, die eigentlich der ganzen Gemeinde gehören, und somit eine Kirche mit nur begrenztem Einfluss auf die Umgebung zu bauen. In Extremfällen sind die Ergebnisse weit von einer realen Ortsgemeinde entfernt und ebenso weit von der „eigentlichen Frontlinie der Mission" – mit einer Gemeindeleitung, die in sicherer Ferne den Schlachtenlärm wahrnimmt.

Es ist offensichtlich, dass das Ortsgemeinde-Ideal einen großen Wert hat. Aber das Parochialsystem der *Church of England* mit seinem Übermaß an Regelung lässt es zu, von kleinen Gruppen manipuliert zu werden, um ihnen nicht sympathische Missionsinitiativen abzulehnen. Während unter urbanen Voraussetzungen flexible Vereinbarungen über Seelsorgegebiete in jeder Parochie absolut wünschenswert sind, spricht die Mission in Netzwerken, die nicht prinzipiell geografisch definiert sind, für eine Lockerung der streng parochialen Grenzen, die schon lange nicht mehr zur sozialräumlichen Wirklichkeit passen. Unter den turbulenten Voraussetzungen der frühen angelsächsischen Kirche wurde die „Parochie" als ein Gebiet unter der Rechtsprechung des Bischofs verstanden. Einmal mehr erscheint es als weise, zurück in die Zukunft zu gehen.

Aufs Ganze gesehen – *St. Mellitus*, in das Lokale investieren, das Leben in all seiner Vielseitigkeit befürworten, aufgebürdete Initiativen unterlassen – wurde im letzten Jahrzehnt der Versuch unternommen, einen Rahmen zur Ermutigung von missionarischer Arbeit zu bieten und eine gemeinsame Sprache für bessere gesamt-diözesane Gespräche und Einheit zu schaffen. Die Intention war dabei nicht, ein zusätzliches Gewicht auf die Schultern der stark beanspruchten Geistlichen und Gemeindeleiter zu legen, sondern ein Bild der aktuellen Entwicklung zu liefern sowie durch das Verbinden der verschiedenen Tendenzen in der Diözese für neues Vertrauen zu sorgen und frische Energie freizusetzen.

Die erste Vorlage *„add-up not add-on" (Zusammenfügen statt Hinzufügen)* war nicht wirklich erfolgreich und ist weitgehend vergessen. *„London Bridges" (etwa: London überbrückt)* wurde mit großen Vorbehalten betrachtet, denn es wurde zu sehr mit dem Diözesanbischof in Verbindung gebracht und erreichte nicht mehr als Hinnehmen in den Regionen. Es gab und gibt immer noch aktive Opposition gegen jeglichen gemeinsamen Rahmen vonseiten bestimmter Gebietsteams. Konstruktive Kritik sollte immer willkommen geheißen werden, wenn sie öffentlich ausgesprochen wird, doch Unterminierer, „Schädlinge des Gemeinwesens", die die Moral durch Zynismus und Lästern zerstören, müssen ausgesondert werden. Bischöfe brauchen ein zuverlässiges Nachrichtensystem und die Entschlossenheit, mit chronischen Neinsagern umzugehen.

Mit Hilfe unseres Kommunikationsteams von Luther Pendragon war der Nachfolger von *London Bridges* ein großer Fortschritt: *„London Challenge" (London herausfordern).* Es sollte sieben Jahre lang laufen und mit den Olympischen Spielen in London 2012 seinen Höhepunkt finden. Die „Sieben Verpflichtungen" boten eine Landkarte, mit der lokale Gemeinden ihre Arbeit und Wünsche einordnen konnten. Darüber hinaus schuf es in der Londoner Diözesan-Verwaltung ein besseres Bewusstsein für Prioritäten. Es förderte Wachstum und Vertrauen, doch es war immer noch zu schlecht vorbereitet und erreichte die DNA mancher Gebiete nie.

Es gab also vieles, was aus *London Bridges* und *London Challenge* gelernt werden konnte, und mit Hilfe des neuen Generalsekretärs, Andy Brookes, riskierten wir es, jemanden anzustellen, um den Rahmen für das nacholympische Programm zu schaffen, welches wir „*Capital Vision 2020*" *(Hauptstadtvision 2020)* tauften. Debbie Clinton war unverzichtbar, und nach einer Unzahl von Gesprächen fassten wir die Weisheit der Gott feiernden Gemeinden in der Diözese in drei Worten zusammen, die wirklich den Blutkreislauf erreicht haben: Confidence, Compassion and Creativity (Vertrauen, Mitgefühl und Kreativität).

Es steht nichts wirklich Verblüffendes in den kleinen Broschüren über *Capital Vision 2020*, die ins Format der Londoner Nahverkehrstickets passen, doch das Ziel, eine „christuszentrierte und nach außen gerichtete Kirche" zu sein, wird weithin geteilt. Wir sind auf einem guten Weg, 100.000 Botschafter/innen für Christus bis 2020 zuzurüsten und auszusenden. [...] Ebenso können wir einen Anstieg um 50 Prozent bei den Ausbildungszahlen für das Pfarramt verzeichnen, was sowohl unseren eigenen Bedürfnissen entspricht wie denen der Gesamtkirche.

Die Betonung auf Mitgefühl in der *Capital Vision* hat eine neue Aufmerksamkeit für die soziale Verantwortung der Kirche im London des 21. Jahrhunderts geweckt. Die Anstellung von Adrian Newman in der Region Stepney war ein Geschenk Gottes. Er hat uns geholfen, den Einfluss der Kirche in Zeiten von Kreditgenossenschaften und Tafelläden neu zu überdenken. Seine Arbeit mit *London Citizens*, einem Netzwerk für Gemeinwesenarbeit, gehört in die beste Tradition der christlichen Arbeit in Ost-London.

Wir müssen jedoch feststellen, dass Ablehnung gegenüber London in anderen Teilen Großbritanniens eine auffällige politische Tatsache ist. Wir haben immer versucht, auch auf die Bedürfnisse der landesweiten Kirche zu schauen. Wenn es für mich einen Satz in den Evangelien gibt, der mich besonders anspricht, dann dieser: „Also hat Gott die Welt geliebt, dass er seinen eingeborenen Sohn gab, damit alle, die an ihn glauben nicht verloren werden, sondern das ewige Leben haben." Gott ist großzügig, und ich hoffe und bete, dass Großzügigkeit das auszeichnet, was wir gemeinsam versuchen zu schaffen. *St. Mellitus* verpflichtet sich zum Beispiel einer „generous orthodoxy"[11]. Großzügigkeit passt sich auch einer anderen wichtigen Strömung der letzten 20 Jahre an, den Gemeindepflanzungen.

Gemeindepflanzungen waren im 19. Jahrhundert vor allem ein Anglo-Katholisches Phänomen. In letzter Zeit haben hier aber die Charismatisch-Evangelikalen die Führung übernommen. *Holy Trinity Brompton* vollzog seine erste pionierhafte Gemeindepflanzung in *St. Barnabas Addison Road* Mitte der 80er. Doch die Häufigkeit der Gemeindepflanzungen nahm nach 2000 stark zu – mit der Gründung einer weiteren Pflanzung in *St. Paul's Hammersmith*.

Ich erinnere mich an eine entscheidende Unterhaltung mit Sandy Millar, einem der bedeutendsten christlichen Leiter im letzten halben Jahrhundert. Eher undankbar grübelte ich darüber nach, ob das *HTB*-Ethos wirklich auch auf andere soziale Kontexte außerhalb eines gutbürgerlichen übertragen werden könnte. „Was ist mit den Orten in den sozial benachteiligten Gegenden in Ost-London – würde es dort funktionieren?", fragte ich. Seine Antwort war: „Wo würdest

11 Meint in Etwa: Großzügige Rechtgläubigkeit, weitherzige Klarheit [Anm. der Hrsg.].

du uns gerne hinschicken?" Ich nannte ihm eine Reihe von Gemeinden, die an einem Punkt ohne Rückkehr angelangt waren. Ich wurde beschämt, denn Sandy beschloss, mit seiner Frau Annette umzuziehen, um Pastor für *St. Mark's Tollington Park* zu werden, wo sie den Grundstein für bemerkenswertes und nachhaltiges Wachstum legten.

2005 zog ein weiterer Gemeindepflanzer von *HTB*, Ric Thorpe, nach Shadwell im aufgegebenen Hafenviertel Ost-Londons. Zu Beginn waren die benachbarten Geistlichen skeptisch, und es gab Versuche, das Vorhaben zu sabotieren, doch Rics Liebenswürdigkeit und das schnelle Wachstum der Gottesdienstgemeinde – die sehr bald schon andere Gemeinden in der Umgebung pflanzte – überzeugten auch die größten Kritiker.

Durch *Capital Vision 2020* haben wir uns verpflichtet, in den nächsten fünf Jahren 100 neue Gottesdienstgemeinden in der Diözese zu gründen. Einige davon werden revitalisierte Parochialgemeinden sein, andere werden an neuen Orten beginnen. Die letzte Statistik der *Greater London Authority* wurde im Juli herausgegeben und sagt aus, dass die Bevölkerung der Hauptstadt sehr schnell steigt. Gerade befinden wir uns bei 8,5 Millionen (zum Vergleich: Schottland hat 5,3 Millionen Einwohner). Die Diözese von London ist nur für knapp die Hälfte davon verantwortlich. Zusammen mit unseren Nachbarn in Southwark, Chelmsford und Rochester ergibt sich die Gesamtsumme.

Die Geburtenzahlen sinken, die Zuwanderung wächst, und als Folge dessen wird London immer internationaler. Der internationale Zufluss betrug 2013 170.000 und im letzten Jahr 200.000 Menschen. Die besten Schätzungen sagen, dass London im Jahr 2020 9,2 Millionen Bewohner haben wird, zusätzlich zu den Hundertausenden, die jeden Tag zur Arbeit einpendeln. Aktuell denken wir über die Aussichten für Gemeindeausbau in zehn Entwicklungsregionen in der Diözese nach, in denen 175.000 neue Anwohner einziehen werden.

Es gibt eine lebhafte Debatte über Gemeindepflanzungsstrategien, und die Praxis hat sich über die charismatischen Kreise hinaus ausgebreitet. Eine neue Herangehensweise gibt es beispielsweise in der Arbeit von John Wood in Tottenham. Er hat neues christliches Leben an Orten wie dem *Broadwater Farm Estate* etabliert, ohne dass irgendeine christliche Unterstützung außerhalb der unmittelbaren Umgebung dahintersteht, nur enge Zusammenarbeit mit der *London City Mission*.

Während die Aussicht auf institutionelle Fusionen abnehmen, zeigen sich die Möglichkeiten für unbefangene ökumenische Arbeit auf lokaler Ebenen immer klarer. Wir haben in London in vielen Kontexten eine post-konfessionelle Phase erreicht. Nur sehr wenige der hunderttausend Studenten, die an den Universitäten der Hauptstadt studieren, kommen mit einer klaren kirchlichen Identität hier an. Sie suchen nach Glaubensgemeinschaften, die lebendig und geistlich vertrauenswürdig sind, ohne dass sie sich groß Gedanken über den konfessionellen Stempel machen. Besonders die alte Konkurrenz zwischen der „etablierten Kirche“ und den „Dissenters“[12] lässt immer mehr nach, und die Möglichkeiten für ebenbürtige Zusammenarbeit mit Verbündeten wie der *Redeemed Church of God*, die von Pastor Agu geleitet wird, sind stark angewachsen.

Um zu entscheiden, welchen Entwicklungen man seinen Segen geben und welche man eher verhindern sollte, benötigt es eine gesunde, aber nicht unkritische Liebe dafür, wie

12 Dissenters: klassische Bezeichnung für Freikirchen im angelsächsischen Raum [Anm. der Hrsg.].

die *Church of England* sich gemüht hat, das Evangelium von Generation zu Generation weiterzugeben. Ich habe immer versucht, eine gute Balance zwischen der aktiven Unterstützung neuer Projekte und der nachdrücklichen Fürsprache für die Tradition der Kirche zu finden, die sich im *Book of Common Prayer* und der *Authorised Version* der Bibel ausdrückt.

Traditionalismus ist das hartnäckige Festhalten an den Gebräuchen von vorgestern – der tote Glaube lebender Menschen. Tradition ist das geisterfüllte Fortwähren des Lebens der Kirche, durch das die Wahrheit von Generation zu Generation auf immer neue, lebendige Weise weitergegeben wird, damit sie immer dieselbe bleibe. Tradition ist der lebendige Glaube, den wir mit denen vor uns teilen. In der Tat ist es oft die schwerste Aufgabe, die frühere „Avant-Garde" davon zu überzeugen, dass sie heute nur noch „Schnee von gestern" sind.

Die fortdauernde Identität der Kirche kommt im Vorwort der *Declaration of Assent*[13], die ich allen Amtsinhabern empfehle auswendig zu lernen, prägnant und ausgewogen zum Ausdruck. Es beginnt mit der Aussage, dass „die *Church of England* Teil der einen heiligen, katholischen und apostolischen Kirche ist", und das Leben der Diözese wurde enorm durch die beiden Partnerschaftsbeziehungen – mit der Anglikanischen Gemeinschaft in Angola und Mosambik und der Evangelischen Kirche in Berlin-Brandenburg – befruchtet. Rachel Treweek spielte eine besonders kreative Rolle bei der Vertiefung unserer Partnerschaft im portugiesischsprachigen Afrika. Diese Partnerschaften haben uns sowohl herausgefordert als auch viel über uns selbst gelehrt. [...]

Die Wiederbesetzung des Bischofssitzes von Islington soll noch größere Kapazitäten freisetzen, damit wir unser Ver-

13 Die Ordinationsverpflichtung der anglikanischen Kirche [Anm. der Hrsg.].

sprechen einlösen können, 100 neue Gottesdienstgemeinden bis 2020 in London zu gründen[14]. Ebenso soll es ein Geschenk für die nationale Kirche sein. Ich bete, dass es möglich wird, von unseren Erfahrungen – und besonders von unseren Fehlern – zu lernen, damit andere Orte unsere Ergebnisse noch übertreffen.

Im November werde ich das zwanzigste Jahr meiner Amtszeit als Bischof von London abschließen. Es fühlt sich an, als hätte ich gerade erst angefangen, und wenn ich den Horizont abschätze, dann sind die Herausforderungen, vor denen die Kirche steht, nur zu offensichtlich. In einer immer internationaleren Stadt haben wir noch einen langen Weg vor uns, bevor wir unsere englischsprachige angelsächsische Mitgliedsprägung überschreiten. Das Gesicht der Kirchenleitung spiegelt nicht das Gesicht der Kirche in den Kirchenbänken wider, ganz abgesehen vom Leben um uns herum.

Es fällt uns schwer, an die Orte zu kommen, an denen über die Zukunft Londons als einer blühenden, wettbewerbsfähigen, aber vor allem lebenswerten Stadt debattiert wird. Das Vorrecht, durch unsere kirchlichen Schulen an der Bildung von 60.000 jungen Londonern teilzuhaben, ist ständig bedroht durch die Veränderungen in Zeitgeist und Politik. Nichtsdestotrotz gab es im letzten Jahrzehnt große Errungenschaften bei der Erweiterung von kirchlichen Schulplät-

---

14 Der seit 1927 nicht besetzte Bischofssitz („See of Islington") wurde von Diözese und Gesamtkirche vor kurzem ohne territoriale Aufgaben neu errichtet und am 29.09.2015 mit Ric Thorpe besetzt. Er ist verantwortlich für Gemeindepflanzungen und missionarische Aufbruchsprojekte in London und darüberhinaus. „... to those ministering in such pioneering posts, harvesting and sharing experience of church growth strategies and providing the necessary support and mentoring, especially in those early years". Vgl. <http://www.london.anglican.org/articles/the-revival-of-the-see-of-islington>, aufgesucht am 13.04.2016 [Anm. der Hrsg.].

zen, vor allem in weiterführenden Schulen, und kleine Fortschritte dabei, eine neue Antwort auf die Frage zu geben, was wir als christliche Gemeinschaft unternehmen wollen, um zum Lernerfolg beizutragen. Dies bedeutet mehr als nur die Schulen aufrechtzuerhalten, die frühere Generationen gegründet haben.

Die Diözese hat erkannt, dass eine immer größere Klarheit und eine selbstbewusste Antwort auf die pausenlose Propaganda gegenüber den sogenannten „Glaubensschulen" benötigt werden. Deshalb ist dies eines der großen Themen der *Capital Vision 2020* und steht mittlerweile ganz oben auf der Agenda des laufenden Jahres.

Doch neben den sichtbaren Risiken gibt es Vielversprechendes. Der Leitungsstil des aktuellen Erzbischofs von Canterbury schafft auf nationaler Ebene ein gutes Umfeld für die Arbeit in der Diözese. Es ist klarer als je zuvor, dass in allen Debatten über soziale Nöte und auf der Suche nach Beziehungsmodellen, in denen gesunde und friedlebende Lebensweisen reifen können, vieles auf die Notwendigkeit von Netzen lokaler Gemeinschaften weist, die den Parochialgemeinden ähneln, die die *Church of England* über Jahrhunderte versucht hat aufzubauen und zu stärken.

Allerdings sind Menschen Gestaltwandler, und sie gestalten ihre Zukunft nach bestimmten Vorstellung oder Kult-Ikonen, denen sie Wert zusprechen, ja sogar anbeten. Am verbreitetsten ist in unserer Zeit vielleicht der Glaube an ein Leben in Fülle durch ungehinderten Konsum, ohne Interesse für das, was hinter diesem Prozess steht. Doch ständiger Karneval ohne nachfolgende Fastenzeit führt zur Übelkeit (und darüber hinaus zu einer großen Belastung für das Gesundheitssystem).

Gott, der die Welt so sehr liebte, dass er so großzügig war und sich selbst in der Person Jesu Christi hingab, hat uns einen besseren Weg gezeigt. Ich habe viel von der ersten Hälfte meines Lebens in der Hoffnungslosigkeit des *laudator tempori sacti*[15] gelebt, doch nun erkenne ich, wie die Fröhlichkeit immer mehr Raum bekommt.

Sicherlich liegen weitere Probleme und große geistliche Turbulenzen vor uns, doch durch den Umbau des Londoner Diözesanteams, das auf die Arbeit seiner Vorgänger aufbaut, gibt es genügend Energie und Weisheit, um durch die wilden Gewässer vor uns zu steuern. Die christliche Gemeinde wird weiter wachsen, solange sie von Visionen und nicht von Problemen geleitet wird. Anhaltendes Gebet, wie es zum Beispiel in der 24/7-Prayer-Bewegung stattfindet, öffnet die Türen für Gottes Zukunft, denn der Heilige Geist hinterlässt immer Zeugen. Auch wenn mein Name nur auf Gedenktäfelchen für Schulanbauten und renovierten Toiletten in *St. James Clerkenwell* bliebe, so bin ich überzeugt, die künftigen Bischöfe von London werden mit Haggai sagen können: „Größer wird die Herrlichkeit des künftigen Hauses sein als die des früheren, spricht der Herr der Heerscharen."

+ Richard Londin

Elektronische Quellen

CHARTES, RICHARD, Lambeth Lecture am 30.09.2015 unter <http://www.archbishopofcanterbury.org/articles.php/5621/bishop-of-london-delivers-lambeth-lecture-on-church-growth-in-the-capi tal>, aufgesucht am 12.04.2016.

THE BISHOP OF LONDON, The revival of the See of Islington unter <http://www.london.anglican.org/articles/the-revival-of-the-see-of-islington>, aufgesucht am 13.04.2016.

15 Etwa: „Unter Nostalgie vergangener Zeiten" [Anm. der Hrsg.].

Autorinnen und Autoren

Dr. *Annegret Böhmer*
Professorin für Psychologie an der Evangelischen Hochschule Berlin, Berlin

Dr. *Richard Chartres*
Bischof der Anglikanischen Diözese von London, London

Christhard Ebert
Pfarrer, Theologischer Referent im Zentrum für Mission in der Region, Bielefeld

Dr. *Konrad Merzyn*
Oberkirchenrat, Leiter des Projektbüros Reformprozess des Kirchenamts der EKD, Hannover

Dr. *Gert Pickel*
Professor für Kirchen- und Religionssoziologie an der Theologischen Fakultät der Universität Leipzig, Leipzig

Hans-Hermann Pompe
Pfarrer, Leiter des EKD-Zentrums für Mission in der Region, Dortmund

Dr. *Thomas Schlegel*
Kirchenrat, Landeskirchenamt Referat für Gemeinde und Seelsorge, Evangelische Kirche in Mitteldeutschland, Erfurt

Dr. *Hubertus Schönemann*
Leiter der Katholischen Arbeitsstelle Missionarische Pastoral (KAMP), Erfurt

Erstveröffentlichungsnachweis

Hans-Hermann Pompe, Kreativität im Umbruch, in: EKD (Hrsg.), Siehe, ich will Neues schaffen, seht ihr's denn nicht?, Dokumentation der Fachtagung des EKD-Zentrums für Mission in der Region, Augustinerkloster Erfurt, 24./25.11.2015, Kirche im Aufbruch, epd-Dokumentation, Hannover 2016.

Annegret Böhmer, Salto ecclesiale. Von der Angst zur Motivation kommen im Umbau, Abbau, Aufbruch der Kirche im 21. Jahrhundert, in: EKD (Hrsg.), Siehe, ich will Neues schaffen, seht ihr's denn nicht?, Dokumentation der Fachtagung des EKD-Zentrums für Mission in der Region, Augustinerkloster Erfurt, 24./25.11.2015, Kirche im Aufbruch, epd-Dokumentation, Hannover 2016.

Konrad Merzyn, Kirche im Umbau. Perspektiven aus der V. Kirchenmitgliedschaftsuntersuchung für die kirchenleitende Praxis, in: EKD (Hrsg.), Siehe, ich will Neues schaffen, seht ihr's denn nicht?, Dokumentation der Fachtagung des EKD-Zentrums für Mission in der Region, Augustinerkloster Erfurt, 24./25.11.2015, Kirche im Aufbruch, epd-Dokumentation, Hannover 2016.

Gert Pickel, Kirche im Umbruch? Gesellschaftliche Herausforderungen an die Evangelische Kirche, in: EKD (Hrsg.), Siehe, ich will Neues schaffen, seht ihr's denn nicht?, Dokumentation der Fachtagung des EKD-Zentrums für Mission in der Region, Augustinerkloster Erfurt, 24./25.11.2015, Kirche im Aufbruch, epd-Dokumentation, Hannover 2016.

Thomas Schlegel, Umbau – Rückbau – Aufbau: Eine dialektische Verhältnisbestimmung, in: EKD (Hrsg.), Siehe, ich will Neues schaffen, seht ihr's denn nicht?, Dokumentation der Fachtagung des EKD-Zentrums für Mission in der Region, Augustinerkloster Erfurt, 24./25.11.2015, Kirche im Aufbruch, epd-Dokumentation, Hannover 2016.

Erstveröffentlichungsnachweis

Hubertus Schönemann, „Vom Ehrenamtsmanagement zur Volk-Gottes-Sensibilität". Charismen verändern Kirche, in: EKD (Hrsg.), Siehe, ich will Neues schaffen, seht ihr's denn nicht?, Dokumentation der Fachtagung des EKD-Zentrums für Mission in der Region, Augustinerkloster Erfurt, 24./25.11.2015, Kirche im Aufbruch, epd-Dokumentation, Hannover 2016.